지적장애인의
시설 입소에 관한
어머니의 경험

지적장애인의
시설 입소에 관한
어머니의 경험

김충효 지음

머리말

하늘 아래 어머니의 마음보다 넓은 것이 없고 땅 위에 어머니의 마음보다 높은 것이 없으며, 인간의 그 무엇 중에도 어머니의 마음 같이 거룩한 것이 없단다. 자녀를 향한 어머니의 희생과 정성 그리고 사랑의 마음을 표현한 노랫말이다.

이 책은 장애인 자녀를 둔 어머니에 대한 관심에서 출발하였고 특히 그들 중에서도 거주시설에 자녀를 입소시킨 어머니에 대한 관심에서 시작되었다.

이러한 관심은 저자 자신이 장애인으로 어머니의 돌봄을 받으며 성장했고 또한 지난 18년간 장애인거주시설에서 시설장으로 섬겨오면서 자연스럽게 가지게 되었다.

사실 이들 어머니에 대한 국가의 책임은 장애인거주시설이 가장 큰 대안 중 하나라고 생각된다. 그리고 우리 사회는 무관심으로 일관해왔고 당사자들 또한 몇몇 이유로 침묵하며 죄인 아닌 죄인으로 살아왔다.

이제 이들 어머니의 이야기를 이 세상에 풀어놓으려고 한다. 빗장으로 굳게 잠겨 음지에 놓여 있던 이들 마음의 속살을 드러내려 한다. 부디 봇물 터지듯 터져 나오는 이들의 시리고 아픈 마음을 독자들과 우리 사회가 따뜻하게 안아주었으면 한다.

특별히 장애인거주시설에 몸담고 있는 분들이 독자가 되어주면 좋겠다. 그리고 사회복지적인 측면에서 이들 어머니들을 돕기 위한 제언들을 실천 현장에 프로그램으로 활용했으면 하는 바람이다. 일반화에는 한계가 있겠으나 저자가 섬기고 있는 시설에서 실천하여 경험한 바로는 시설 입소를 통한 어머니들의 아픔과 부담은 물론이고 시설과의 관계도 보다 나은 신뢰 속에 상호 협력적인 관계로의 진전을 보았기 때문이다.

많은 부족함과 스스로의 한계를 절감하는 시간들이었지만, 이 책이 나오기까지 이러한 부족함을 채워주시고 학문적으로 도움을 주신 모든 분들께 감사드린다.

먼저 지혜와 힘, 용기를 주신 하나님의 은혜에 감사드린다. 그리고 학문의 보람과 가르침을 주신 박태영 교수님, 이준상 교수님, 이진숙 교수님, 조한진 교수님, 채현탁 교수님, 이영희 교수님께 감사드린다.

또한 목회와 시설 경영으로 바쁘게 살아온 제게 보이지 않는 기도로 응원을 아끼지 않으신 윤정남 장로님 내외분과 유경희, 백선희 집사님 그리고 김순희 모매님과 김경권 형제에게 감사드리며, 또한 어려운 여건에서도 시설 경영을 위해 함께 수고하는 박미정 국장님, 박미화, 임영대, 전명진 팀장님들과 시설 종사자들께 감사드린다.

　사랑하는 가족들, 새벽마다 아들을 위해 기도해주신 어머니 안수임 집사님과 장인, 장모님이신 길기환 집사님과 김상기 권사님, 김재홍, 김석남 형님들과 김위자, 김의향(매형 유창선) 누나들 그리고 동생 김명년(매제 한현희)에게 감사의 마음을 드린다.

　마지막으로 최고의 동역자인 아내 길동자의 사랑과 내조에 감사하며, 아빠 엄마의 사역을 이해해주고 잘 따라준 사랑하는 딸들인 김혜림, 김지혜, 김예지, 김사랑 고맙다. 늘 믿음 안에서 자라다오.

　끝으로 이 책의 디자인과 편집 그리고 인쇄를 위해 수고해주신 한국학술정보(주)의 채종준 대표이사님과 직원들께 감사드린다.

2015년 11월 12일

저물어 가는 가을날,

자녀를 시설에 입소시킨 어머니들께 이 책을 드리며

남해 사랑의집에서

목 차

Ⅰ

서 론

나는 유일한 사람이며 그 사실은 변하지 않는다.
모든 것을 할 수는 없어도 무언가는 할 수 있다.

- 헬렌 켈러 -

1. 문제 제기

오늘날 우리나라는 복지국가로서의 초석으로 장애인복지에 관심을 두고 정책적·법률적으로 변화를 시도하고 있으며, 장애인복지는 장애인의 사회통합과 보호라는 국가의 책임 아래 장애인의 완전한 사회참여와 평등을 목표로 하고 있다.

그리고 장애인복지는 국가개입의 클라이언트 접근방식으로 크게 복지시설과 거주시설, 지역사회재활로 구분되는데 이 가운데 장애인거주시설이 장애인복지정책에 가장 큰 부분이라 할 수 있으며, 역사적으로 영·미 및 유럽의 복지 선진국에서 장애인복지의 변화 방향은 1950년대까지 시설화를 추구해온 바 있다(홍기원, 2009).

그러나 미국의 경우 1970년대, 지적장애인들을 위한 많은 시설들이 적절한 치료 프로그램들 없이 비인격적인 대우가 이루어지는 대규모 공공 보호시설로 전락함에 따라 탈시설화 운동이 전개되어 장애인들과 그 가족들 그리고 후원자들과 전문가들이 장애인들을 가정과 학교, 이웃들로부터 격리시키지 말 것과 장애인들을 차별하지 말 것을 요구하며 시설들을 폐쇄해 달라는 요청을 한 바 있다(신현기, 2010).

이로 인해 1970년대 이래 많은 주들이 시설에 대한 의존을 축소시켜 왔고 탈시설화 사상을 통한 재가복지서비스 활성화와 지역사회 주거환경 개발을 통해 오늘날 가족들과 떨어져 사는 지적장애인들 중 19%만이 공립 및 사립 시설에 거주하고 있고, 이와 같은 비율도 점점 감소하고(신현기, 2010) 있어 우리나라 장애인복지정책에 시사해주는 바가 매우 크다.

통계청(2012)의 전국 장애인복지시설 실태조사에 따르면 우리나라에는 지체, 시각, 청각, 지적, 중증, 장애영유아시설이 490개소이며 그중에서 지체장애시설이 45개, 시각장애시설이 15개, 청각장애시설이 9개, 지적장애시설이 223개, 중증장애시설이 186개, 장애영유아시설이 12개소로 나타났다.

그런데 이들 시설 중에서 청각장애인 시설의 수가 소폭이지만 감소하고 있어 고무적으로 생각된다. 그러나 타 유형의 시설은 소폭이나마 증가하고 있고, 특히 이들 시설 중 지적장애인거주시설의 경우는 2004년부터 2012년까지 매년 평균 18개 시설이 신규로 설치 운영되고 있어 그 증가의 폭이 매우 높게 나타났다.

이러한 장애인거주시설의 증가 이유는 우리나라의 장애인복지정책이 1980년 대 이후 탈시설화의 이념으로 정상화 원리를 수용하여 소규모 공동생활가정이나 자립생활센터 설립, 활동보조지원제도 등을 추진하면서도, 다른 한편으로는 대규모 거주시설을 꾸준히 확대하고 있기 때문이다(박성우, 신현기, 2003; 김용득, 강희설, 2008; 오세윤, 홍기원, 2009).

이와 비례하여 통계청(2012)의 조사 결과에 따르면 시설에 입소하여 거주하고 있는 지적장애인의 수도 매년 증가하고 있는데, 2004년 7,750명에서 2007년 9,325명 그리고 2011년에는 15,252명으로 이는 매년 1,100여 명이 증가한 것으로 나타났다.

지적장애인의 시설 입소 이유는 주 양육자이자 돌봄 제공자인 어머니가 자신의 신체적인 능력의 감소로 인해 노년기라는 위기에 직면하게 되면 지적장애인의 특성인 낮은 신체적 건강과 높은 신체적 의존성으로 인해 스트레스의 강도가 가중되고 이로 인해 일생 동안 자녀를 신뢰하고 맡길 시설을 선택하는 데서 기인한 것에 있다(남연희, 2001; 차혜경, 2008; 최선경, 2008; Olssen & Hwang, 2001).

그리고 다른 하나의 이유는 장애 정도가 심해 사회생활이 매우 어려운 수준의 지적장애 자녀를 둔 경우 부모들은 비장애인 자녀를 통한 돌봄이 아닌 거주시설에 입소하기를 희망하고 있기 때문이다(Griffiths & Unger, 1994).

그런데 한국장애인고용공단(2013)의 장애인 통계에 따르면 전체 장애인 중 지적장애인의 증가율이 2000년 86,793명에서 2005년 127,881명으로 증가하였고, 2009년에는 154,953명으로 증가하여 지난 10년간 68,160명이 증가한 것으로 나타났다.

이러한 지적장애인의 양적 증가 추세는 유전, 염색체 이상, 출산 전 감염 및 중독, 환경적 영향에 의한 장애아 출현율의 증가와 의학발달 및 생활수준 향상에 의한 인간 수명 연장 등으로 앞으로도 지속될 것으로 보여, 이들을 1차적으로 돌보고 있는 가족의 부담은 여전히 중요한 사회문제로 남게 될 것으로 생각된다(McLaren & Bryson, 1987).

그리고 이를 감안한다면 앞으로도 지적장애인거주시설과 그곳에 입소하게 될 지적장애인의 수는 지속적으로 증가할 것으로 전망되며, 장애인의 거주시설 입소는 장애인이 연령과 상관없이 원가정에서 생활하기 어렵거나 연고가 없는 경우 거주공간을 제공받거나 거주공간과 함께 개별적인 보호를 받는 것을 의미한다(김용득 외, 2007).

일반적으로 장애아동 어머니들은 자녀의 장애원인이 주로 임신 중 잘못된 태교나 외부로부터의 스트레스, 임신 중의 약 복용이나 충격 등 자신 또는 주변 가족의 잘못이라고 자책하고 원망하는 경향이 있으며, 아이의 장애에 대한 죄의식을 느끼게 된다(정명신, 2001).

그리고 장애아동 부모는 장애아동의 장래에 대한 욕구와 불안 등과 관련된 스트레스를 느끼며 사회의 부정적인 시각으로 인해 사회적 고립감을 경험하고 부가적인 돌봄 행위에 따르는 시간적 소모와 육체적 피로, 장애아동의 특별한 치료비나 조기 교육비 등으로 경제적인 부담이 증가한다(백은령 외, 2010).

특히 장애아동 가족들은 장애아동이 경쟁적이며 자기 책임을 중시하는 사회현실에 참여할 수 있는 희망이 거의 없다고 생각하여 과잉보호하거나 사회에서 완전히 격리시켜 역할기대가 가능한 부분까지도 소외시켜 버릴 뿐 아니라 이로 인해 가족 전체가 딜레마에 빠지게 되는 경우가 많아 장애아동의 문제는 그 본인에게만 국한되는 것이 아니라 장애아동 자녀로 인해서 부모나 형제들이 받는 스트레스도 커다란 문제가 된다(김현희, 2003).

더욱이 다양한 장애유형을 지닌 자녀 중에서도 지적장애아를 둔 어머니는 지적장애아의 양육과 더불어 교육에 대한 부담감을 안고 있다. 그러므로 지적장애아 어머니는 일반 아동과는 다른 특별한 교육의 욕구를 가지고 있는 지적장애 자녀를 이해하고, 좀 더 실질적인 도움을 주기 위해 각종 지적장애아 부모교육 프로그램에 참여하고 있고, 조기교육을 위한 경제적 부담과 심리적 부담 등이 질적인 가정생활을 저해하는 요인이 된다(김미경 외, 2001; 김교연, 2008).

그리고 지적장애아 부모는 삶의 맥락에서 지적장애의 특수성으로 인해 부정·두려움·죄의식·가치절하 등의 심리적 정서 상태를 경험하며(조인수, 김영준, 2008; 이재령, 2010), 지적장애를 지닌 아동을 보살피는 양육행위의 부담은 쉽게 경감되지 않으므로, 이러한 점이 지적장애를 지닌 아동의 부모를 더욱 힘들게 하고(신정윤 2007; 김교연, 2008), 사회 생태학적인 측면에서 지적장애의 특수성이 아동 자신뿐 아니라 함께 삶을 영위하는 가족 전체에게 직접적인 영향을 미친다(Crippe & Bricker, 1996).

또한 성인 지적장애인의 부모들은 지적장애 자녀에 대한 오랜 기간의 부양으로 인해 과거와 다른 차원에서 가중되는 부양 부담을 갖는다. 즉, 노령화되어 가는 부모들은 지적장애 자녀를 언제까지 부양할 수 있을 것인지에 대한 불안함, 만성적인 우울, 부양과정에서 비롯된 신체적 약화, 노후대책에 요구되는 경제적 재원감소, 세상과 동떨어져 있는 사회적 고립감 등을 경험한다. 그리고 이들은 자신이 사망 시점까지 지적장애 자녀에 대한 영구적인 양육의 부담을 지게 되며, 자신이 더 이상 부양을 지속할 수 없게 될 경우 지적장애 자녀의 부양을 책임질 또 다른 부양자를 필요로 한다(최선경, 2008; Abelson, 1999).

이로 인해 지적장애인 자녀를 둔 어머니들의 양육 스트레스는 일반자녀를 둔 어머니들에 비해 높으며(서민정, 2003), 지적장애인 자녀를 둔 어머니의 양육스트레스가 신체장애인 자녀를 둔 어머니의 양육스트레스보다 높고(유희정, 2004), 다른 장애유형과 비교하였을 때 지적장애인 자녀와 정서장애인을 자녀로 둔 어머니들이 가장 많은 스트레스를 경험하게 된다(이청자, 1995).

특별히 자녀를 거주시설에 입소시킨 경우, 부모는 자녀를 직접 양육하지 못하고 곁에서 지켜보지 못함으로 인해 그렇지 않은 장애인 부모와는 다른 심리 및 가족, 장애아동, 시설요구 및 시설 처우 등과 같은 다양한 스트레스를 경험하게 된다(김현희, 2003).

그런데 이러한 새로운 부정적인 변화의 경우 그 개인은 심리적, 신체적으로 스트레스와 우울증, 외상 후 장애 및 불안 등으로 인해 사회에 적응하는 데 어려움을 경험하는데(Rho & won, 2009), 이러한 측면은 장애인 자녀를 둔 부모들 가운데서도 자녀를 시설에 입소시킨 부모들만이 삶 가운데서 경험하는 특성이라 할 수 있으며, 이러한 점에서 이들은 또 하나의 사회적 소수자이며 피해자이다.

어머니에게 자녀는 돈이나 일, 더 나아가 자신의 목숨보다 소중한 존재이다. 그래서 어머니는 모든 것을 희생하고 노심초사하며 자식을 기른다. 그리고 자녀가 생기면 엄마로서 스스로 성숙함을 느끼게 되고 무조건적인 사랑과 모성애를 발휘한다. 그리고 자녀의 아픔은 부모에게 죽음 이상의 고통을 주고, 어머니에게는 자식을 돌보는 일이 가장 중요한 일이며(임은선, 2003), 특히 아픈 자녀를 돌보는 일에 가장 많은 시간을 할애하는 간호제공자이다(박은숙, 1996).

이러한 측면에서 자녀를 시설에 입소시킨 어머니들은 여러 가지 물리적이고 심리적인 어려움을 겪고 있어 이들을 돕기 위해서는 전문적인 개입이 절대적으로 필요하지만, 이들 어머니들을 위한 전문적인 서비스와 체계적인 프로그램이 아직까지 미비한 상황이므로 자녀의 시설 입소에 관한 어머니의 경험을 파악하여 이들 어머니들을 위한 사회복지적 노력이 절실하게 요구된다.

그러나 지적장애인의 시설 입소에 관한 어머니의 경험에 관해 알려진 바가 거의 없다. 이처럼 지적장애인의 시설 입소에 관한 어머니의 경험에 있어 구체적 상황에 대한 파악의 부족은 결국 이들에 대한 사회복지적 개입을 어렵게 함으로써 이들의 안정적인 생활을 위한 지원을 불가능하게 할 것으로 보인다.

지금까지 지적장애인 자녀를 둔 어머니의 경험과 관련된 연구들을 보면 '스트레스에 의한 부담'에 관한 연구(고일영 외, 2007; 최선경, 2008; Walden, Pistrang & Joyce, 2000; Sheehy &

Nind, 2005)와 '스트레스 대처행동'(남연희, 2001)과 '탄력성'에 관한 연구(윤숙자, 2006; 신정윤, 2007)들이 있다. 그리고 어머니의 경험과 관련하여서는 양육에 대한 질적 연구로 특수학교 과정(이은영, 2011), 성인 지적장애인 양육 경험에 관한 연구(이은영, 2010, 김종민, 2012)뿐이다.

이처럼 지적장애인 어머니의 경험과 관련하여 양육에 있어 스트레스와 대처 행동 그리고 탄력성에 관한 내용이 주된 논의의 대상이었고, 질적 연구에서도 지적장애인의 거주시설 입소에 관한 어머니의 경험에 관한 연구는 전무하다. 이는 지적장애인의 시설 입소에 관한 어머니의 주관적인 경험을 풍부하게 드러내는 연구들이 향후 필요하다는 것을 의미한다.

당사자들이 직면한 문제와 욕구가 이른바 전문가들이 지닌 과학적 혹은 실증적 방법에 의해 규범적으로 규정될 때, 당사자들은 자신들의 욕구, 프라이버시, 개인적 선택 등에 관한 권리를 명시적으로 주장하지 못하고 내면적으로 유보하게 되며, 이는 전문가에 대한 의존성을 높이는 결과로 이어진다(김동호, 2001; 김경호, 2009).

이러한 측면에서 자녀의 시설 입소에 있어 어머니는 어떤 경험을 하게 되는가? 다시 말해, 어머니들은 어떻게 해서 자녀를 시설에 입소시키게 되었으며, 자녀를 시설에 입소시키는 과정에서 갖게 되는 경험은 어떠한가를 자녀를 시설에 입소시킨 어머니의 시각으로 바라보면 또 다른 면모들이 눈에 들어오게 된다.

즉, 자녀의 시설 입소에 있어 수동적인 위치에 놓일 수밖에 없는 어머니의 경험에는 그 현상을 경험하지 않은 사람들이 객관화하여 포착하거나 이해하기 어려운 어떤 것이 존재할 것이다.

그러므로 자녀의 시설 입소에 있어 자신과 환경을 어떻게 바라보고, 그 속에서 어떤 의미를 획득 또는 손실하는지 외부자의 관점이 아닌 내부자의 관점에서 이해할 필요성이 충분하다고 볼 수 있다.

자녀를 시설에 입소시킨 어머니들이 경험하는 시설 입소와 관련된 함의들이 무엇인지 밝히고 입소를 둘러싸고 실제 경험되는 상황에 대한 이해를 통해 지적장애인의 시설 입소에 관한 어머니들의 욕구중심과 서비스체계로 전환할 수 있는 방향을 모색하는 것은 의미 있는 일이 될 수 있을 것이다.

그런데 지적장애인의 시설 입소에 관한 어머니의 경험은 실증적 연구와 연구주제에 대한 지식 축적이 미비한 상태이기 때문에 전반적인 이해와 통찰을 얻을 수 있는 질적 연구의 접근이 필요하다. 이러한 질적 연구방법을 통해 지적장애인 자녀를 시설에 입소시킨 어머니의 경험을 파악하여 이들을 위한 적절한 차원의 사회복지적 조치가 필요한 시점이라 생각된다.

2. 연구의 의의와 목적

본 연구는 지적장애인의 시설 입소에 관한 어머니의 경험을 그들의 관점에서 그들의 목소리를 통해 좀 더 깊이 이해하기 위한 탐색적 작업이다.

사회복지실천의 출발점은 무엇보다도 먼저 당사자들의 목소리에 귀를 기울이는 것이다. 그러나 현재까지 장애인복지에 있어 거주시설에 대한 정책과 제도 그리고 시설 입소는 공급자 중심과 관리 측면에서 다루어져 왔기 때문에 자녀를 시설에 입소시키는 어머니의 마음을 헤아리지 못한 측면이 있다.

그러하기에 당사자의 목소리에 담긴 반성적 자각과 인식에 귀기울이는 것은 그 자체가 그 동안 시설 입소에 있어 침묵해 왔던 이들의 목소리에 귀 기울이는 것이며, 이는 시설 입소에 있어 그 동안 공급자 중심의 관점에서 해석되어 온 부분을 새로운 관점에서 바라봄으로써 시설 입소에 대한 새로운 토대를 제공해줄 수 있다.

즉, 지금까지 다루지 못했던 지적장애인의 시설 입소에 관한 어머니의 경험이 갖는 실제적 측면들에 관해 살펴보고, 자녀를 시설에 입소시킨 어머니들의 실제 경험에 집중하여 이들의 경험 속에 내재되어 있는 본질을 탐색하고 이해함으로써 이들 어머니들에 대한 보다 실제적인 사회복지적 실천방안을 모색할 수 있는 기반을 마련할 수 있을 것이라 생각된다.

이에 본 연구는 다음과 같은 의의를 갖는다.

첫째, 지금까지 지적장애인 자녀에 관한 어머니의 경험 및 양육 경험에 관한 연구가 일부 있어 왔으나 지적장애인의 시설 입소에 관한 어머니의 경험에 관한 연구는 전무하였다. 이러한 측면에서 지적장애인 자녀를 둔 어머니의 경험에 대한 영역을 확대하여 살펴볼 필요성이 대두되는 가운데, 본 연구를 통해 이를 학술적으로 규명하여 지적장애인 자녀를 둔 어머니의 경험에 대해 좀 더 넓은 시야를 가질 수 있도록 한 것에 그 의의가 크다.

둘째, 거주시설에 자녀를 입소시킨 어머니의 경험을 어머니의 입장에서 심층적으로 이해한다면 시설 입소에 있어 이들이 겪게 되는 사회적, 심리적인 문제 해결과 이들을 돕기 위한 전문적인 서비스와 체계적인 프로그램 마련을 위한 기초 자료로 사용될 수 있을 것이다.

셋째, 거주시설의 입소에 있어 이용자 중심의 시설운영에 기여할 수 있을 것이다.

따라서 본 연구는 지적장애인의 시설 입소에 관한 어머니의 경험이 어떠한지를 현상학적 연구방법을 통하여 살펴보고, 이를 통해 지적장애인의 시설 입소에 관한 어머니의 경험을 사회복지적 관점에서 보다 심층적이고 종합적으로 이해하고자 하며 이를 토대로 지적장애인의 시설 입소에 있어 어머니들을 돕기 위한 사회복지 서비스 지원을 모색하는 데 기초자료를 제공하는 것을 목적으로 한다.

3. 연구 질문

이러한 연구 목적을 달성하기 위한 중심 연구 질문과 세부적인 연구 질문은 다음과 같다.

중심 연구 질문은 "지적장애인의 시설 입소에 관한 어머니의 경험은 어떠한가?"이다.

세부적인 연구 질문은 다음과 같다.

첫째, 지적장애인의 시설 입소 전 어머니의 경험은 어떠한가?

둘째, 지적장애인의 시설 입소 시 어머니의 경험은 어떠한가?

셋째, 지적장애인의 시설 입소 후 어머니의 경험은 어떠한가?

II

이론적 배경

행복의 문 하나가 닫히면 다른 문이 열린다. 그런데 우리는 닫힌
문을 바라보느라고 새로 열린 문을 보지 못하곤 한다.

- 헬렌 켈러 -

1. 선행연구 동향

우리나라의 경우 지적장애인거주시설의 수가 전국적으로 늘어나고 있는 추세에 있고, 시설에 거주하고 있는 지적장애인의 수도 이에 비례하여 증가하고 있음에도 불구하고, 시설 입소에 있어 주 양육자이자 돌봄 제공자인 어머니의 경험에 관한 연구는 찾을 수 없다. 이에 본 연구는 제한적이지만, 이와 간접적으로 관련된 장애인거주시설과 시설 입소, 그리고 장애인 자녀와 어머니에 관한 연구들을 중심으로 선행연구를 살펴보고자 한다.

장애인복지시설에 대한 국가정책이 체계적으로 수립된 것은 UN이 정한 '세계장애인의 해'를 맞아 「심신장애자복지법」이 제정된 1981년부터라고 할 수 있다. 1982년 전문 개정된 생활보호법을 통해 사회복지시설이 좀 더 공식적으로 자리매김하게 되었으며, 아울러 기능별로 분화되는 계기를 맞게 되고 1989년 장애인복지법이 전문 개정되면서 전문화된 시설들을 규정하게 되었다(김용득, 강희설, 2008).

장애인거주시설에 대한 연구는 1989년 장애인복지법의 전면 제정을 기점으로 차츰 증가하기 시작하였으며, 국내외 장애인복지정책의 변화와 현장에서 나타난 당면 문제들을 중심으로 되어 왔다.

처음에는 1950년대 전쟁고아를 보호하기 위한 시설에서 출발하여 1970년대에 들어서면서 일반 고아시설들이 대대적으로 큰

규모의 장애인거주시설로 전환된 측면에서 전반전인 시설 운영과 관련된 실태조사와 장애인거주시설의 배경에 대한 요인 분석을 통해 합리적인 운영방안과 개선 방안을 모색한 연구(배현정, 1992; 권대관, 2000; 임성현, 2000; 이보라, 2001)들을 시작으로, 탈시설화와 정상화의 이론을 바탕으로 한 장애인복지의 최종 목적인 시설 거주장애인들의 사회통합(김철, 2008; 김용득, 강희설, 2008; 홍기원, 2009)과 사회적 지지나 종사자들의 직무만족도 등과 같은 변수에 따른 시설 거주인들의 삶의 만족과 질(이병환, 2006; 양성순, 2012)에 대한 관심 가운데, 거주인들의 성 문제 실태와 종사자들의 거주인의 성에 대한 태도를 통한 대처방안 모색(권영은, 2004; 권재운, 2008)에 관한 내용들이 연구자들의 관심을 모아왔다.

그리고 사회적으로 인권에 대한 관심의 증가 속에 시설에서의 인권 침해 사건들이 수면 위로 떠오르게 되면서 사회문제로 대두되는 가운데, 종사자들의 인권의식과 거주인들의 인권(김지호, 2011)에 관한 연구가 진행되었다.

시설 입소에 관한 연구들은 2000년대 이후부터 진행되었으며, 대부분이 시설 입소 후와 퇴소 후에 관한 연구들로 거주시설 입소 장애아동, 정신장애인, 장애노인들의 부모나 가족들을 대상로 시설 입소 후 스트레스 및 부담감과 그 변화(김현희, 2003; 전재현, 2008)에 대한 측면에서 시작하여 당사자인 지적장애인과 정신장애인, 지체장애인들의 퇴소 전·후 자립생활에 미치는 영향

요인과 자립생활 경험에 관한 연구(서규동, 2008; 심석순, 2010; 정병권, 2011; 전양희, 2013)로 이어지고 있다. 이들 연구들은 시설 거주장애인을 둔 부모나 가족들의 시설 입소 후 스트레스와 부담감 경감에 대한 장애인복지의 실천방안과 퇴소 후 자립생활 지원을 모색하는 프로그램 개발에 기여하였다. 그러나 일부에 그치고 있고 또한 시설 입소에 관한 전반적인 내용을 다루지 못한 한계가 있다.

장애인 자녀와 어머니에 관한 연구에 있어 전체 장애인 자녀와 어머니에 관한 연구들은 1980년대 후반부터 꾸준하게 진행되어 오고 있다. 처음에는 어머니들의 스트레스에 대처하는 행동과 양상 그리고 몇몇 변인들과 스트레스의 상관관계를 파악하고 스트레스 감소에 관한 연구(김영미, 1989; 서혜영, 1991; 이지원, 1996; 이숙자, 1996; 정희정, 2002; 김선희, 2003; 김미라, 2004; 백사인, 2006)가 뇌성마비아동과 장애아동, 그리고 특정 발달단계의 어머니들을 연구 참여자로 시작되어 2000년대 후반까지 진행되어졌다. 그리고 이와 함께 어머니의 역할 획득과 자아감각 형성을 위한 심성개발 연구(서미혜, 1984; 이영미, 1988)가 있어 왔다.

어머니의 경험에 관한 연구는 장애아를 둔 어머니가 삶을 통해 무엇을 경험하고 그 경험의 의미는 무엇이며 그러한 경험을 통해 무엇을 배우고자 하는지 그리고 어떻게 변화되어 가는지 규명하고, 양육경험에 있어서는 뇌성마비 장애청소년과 중증·

중복의 뇌병변 장애자녀를 둔 어머니의 자녀 양육경험(조삼환, 2003; 정동화, 2007; 이명희, 김안나, 2012)에 있어, 각각의 장애자녀를 돌보는 가족에 대한 이해의 폭을 넓히고 적절한 치료체계를 개발하고 실천적인 측면에서 그 가족들에 대한 이해에 있어 관련 분야의 다양한 전문가들의 역할을 규정짓는 데 의의가 있다.

그러나 전체 장애인자녀와 어머니의 양육경험 연구에 있어 조삼환(2003)의 연구를 제외하면 모두 양적 연구로 스트레스와 양육경험에 대한 본질이 무엇인지 파악하는 것에 대한 어려움이 있어 장애인 가족 지원을 위한 복지 정책과 제도에 대한 제언에 한계가 있다.

지적장애인 자녀와 어머니에 관한 연구들도 1980년대 후반부터 시작되어 지금까지 진행되어 오고 있다. 이들 연구들도 전체 장애인 자녀를 둔 어머니에 관한 연구들과 비슷한 내용으로 접근하고 있음을 알 수 있다.

처음에는 어머니들이 스트레스에 어떻게 대처하고, 몇몇 변인들과 스트레스의 상관관계를 검증(김교연, 2008; 김녹현, 2009; 김은영, 2012)하는 것을 시작으로, 돌봄 부담과 심리사회적 욕구 분석을 통해 보다 폭넓게 어머니들이 가지고 있는 문제와 욕구 및 자녀와 어머니 간의 의사소통 경험과 유형(김지언, 2007; 김민영, 2011)을 파악하고, 통합교육 및 특수교육 과정에서 지적장애 자녀를 둔 어머니의 경험(이은영, 2010; 이은영, 2011)에 관한 관심 가운데서 연구들이 이루어져 왔다.

더 나아가 한 자녀 이상의 지적장애인 자녀를 둔 어머니의 양육경험 및 삶의 질과 정신질환을 동반한 지적장애자녀 어머니의 양육경험(서명옥, 2008; 이상미, 2008)에 관한 관심으로 이어졌는데, 동일한 지적장애 자녀를 둔 어머니의 경우라도 한 자녀 이상의 지적장애 자녀를 둔 어머니와 지적장애와 정신질환을 동반한 지적장애인 자녀를 둔 어머니의 경우는 그렇지 않은 어머니들이 경험하지 못한 경험을 한다는 것을 파악하고 사회복지적 함의를 도출함에 의의가 있다. 그러나 지적장애인 자녀를 둔 어머니의 경험에 대한 질적 연구들에서 양육경험의 의미를 파악하고자 한 몇몇 연구들이 있어 왔으나, 지적장애인의 시설 입소에 관한 어머니의 경험까지 폭넓게 다루지 못한 한계가 있다.

2. 지적장애인 및 지적장애인 가족의 특성

지적장애를 지칭하는 용어들의 변천에는 지적장애인을 어떻게 인식하고 있는가에 대한 내용을 포함하고 있다. 정신지체인의 정의와 분류체계에 있어서 이 분야를 선도해왔던 미국정신지체협회(American Association on Mental Retardation, AAMR)에서도 초기에는 "불완전한 대뇌발달로 인한 태어날 때부터 혹은 어린 시기에서부터의 정신적 결함의 한 상태, 그러한 상태를 가진 사람은 그가 태어난 사회의 한 구성원으로서 그의 임무를 수행할 수가 없다"고 정의하고 있다(Tredgold, 1908: 김철, 2008에서 재인용).

그러한 1차 정의는 Tredgold(1937년), Doll(1941년, 1947년), Heber(1956년, 1961년), Grossman(1973년, 1983년), Luckasson(1992년, 2001년)에 이르기까지 10차에 걸쳐 수정되어 왔다. 현재는 미국정신지체협회의 정의위원회에서 내린 다음과 같은 정의가 일반적이다.

"정신지체는 지적기능과 개념적, 사회적, 실제적 적응기술로서 표현되는 적응 행동의 양 영역에서 심각한 제한성을 가진 장애로 특징짓는다. 이 장애는 18세 이전에 시작된다"이다.

이와 같은 정의를 통해서 지적장애인은 지적능력, 적응행동, 시작연령을 진단의 세 가지 준거로 삼고 있음을 알 수 있다. 지적장애인에 대해서 최근까지 오랫동안 사용되었던 정신지체라는 용어는 1959년에 Rick Heber가 처음으로 사용했다. 미국정신지체협회의 지적장애인에 대한 정의에서 가장 큰 변화는 초기에 불치의 개념으로 보았던 지적장애의 개념이 변화 가능한 상태로 인식되었다는 점이다. 즉, 지적장애를 쉽게 변화하지 않는 특성으로 보기보다는 삶의 제 기능획득에 따라 언제든지 변화가 가능한 현재의 상태로 보고 있다는 점이다.

이 정의에서는 5가지 가정들이 명시되어 있다. 첫째, 개인이 현재 나타내고 있는 기능상의 제한성은 그 개인의 동년배와 문

화 등 전형적인 지역사회 환경맥락 안에서 반드시 고려되어야
한다는 점이고 둘째, 타당한 진단평가를 위해서는 개인의 의사소
통능력, 감각, 운동, 행동요인에서의 차이뿐만 아니라 문화적, 언
어적 다양성도 고려되어야 한다는 점 셋째, 개인이 보이고 있는
특정 능력에서의 제한성은 그것이 전부가 아니라 다른 강점과
함께 있을 수 있다는 점을 강조하고 있으며 넷째, 개인의 제한성
을 기술하는 주된 목적은 그 개인에게 필요한 지원이 무엇인지
그 윤곽을 파악하기 위함이며 다섯째, 개별화된 적절한 자원의
지원이 장기간 주어지면 정신지체인의 생활 가능성은 일반적으
로 향상될 것이라는 점이다(박승희, 신현기, 2007).

그러나 2005년 이후 미국정신지체협회는 정신지체라는 용어를 지
적장애로, 미국정신지체학회를 미국 지적 및 발달장애협회(American
Association on Intellectu and Developmental Disabilities: AAIDD)
로 명칭을 변경하였다(김철, 2008).

우리나라는 2007년 개정된 장애인복지법에 따라 기존 '정신지
체'를 '지적장애'로 바꿔 사용하게 되었고, 장애인복지법에서
"지적장애인(知的障碍人)이란 정신발육이 항구적으로 지체되어
지적 능력의 발달이 불충분하거나 불완전하고 자신의 일을 처리
하는 것과 사회생활의 적응이 상당히 곤란한 사람이다"라고 정
의하고 있다(박정은, 2013).

본 연구에서는 지적장애인을 미국정신지체협회의 10차 정의,
그리고 장애인복지법 제4조 장애인의 권리 등을 감안하여 "지적

능력이나 적응행동능력에 있어서 개인차가 심하여 개별적인 지원이 있어야만 사회생활을 영위하는 데 어려움이 없는 사람"이라고 정의하고자 한다.

1) 지적장애인의 특성

지적장애인은 한 집단 안의 지적장애인들을 비교하더라도 상당한 다양성을 보인다(이채식, 2004). 특히 미국지적장애인협회에서는 지적장애인의 지능의 제한성은 적응행동기술의 제한에 영향을 미치며, 적응의 심각한 제한성은 지역사회 내에서 참여하는 제약을 야기한다는 것을 강조하고 있다(신종호 외, 2008). 지적장애인의 특성에 있어 일반적으로 나타나는 몇 가지 특성과 작업수행과 관련된 특성을 살펴보고자 한다. 먼저 일반적으로 나타나는 특성은 크게 3가지로 구분할 수 있는데 언어·인지적 특성, 사회·정서적 특성, 신체·운동적 특성이 그것이다.

(1) 언어·인지적 특성

지적장애인은 표현언어보다 수용언어가 우수하며 비언어적인 형태의 몸동작으로 자신의 요구를 표현하는 경우가 많고 언어가 늦게 발달된 아동들은 연령이 같은 아동들에 비해 더 많은 몸짓을 사용하는데 이는 어휘력의 부족을 보상하기 위해서 몸짓을 사용하는 것으로 보인다(장동수, 2000). 언어발달과 지적기능과의 관계는 매우 밀접하므로 말을 배우는 시기나 문자를 익히는 발달 정도에서 지적장애의 조기진단이 가능한 경우가 많다. 그 이유는 조기에 발견이 어려운 정도의 지적장애인과는 달리 중도 지적장애인은 발달의 지체가 많이 나타나기 때문이다.

또한 대부분의 중도 지적장애인은 언어발달이 지체되었을 뿐만 아니라 추상화와 일반화에 작용하는 표상언어가 발달하지 않는다. 이들의 언어능력의 발달범위는 단어를 열거하는 수준이며 어른들에게도 존댓말을 사용하지 않는 특성을 보이고 여러 개의 낱말을 사용하지만 매우 제한적이며 대명사를 부정확하게 사용한다. 말을 한다고 하여도 잘 알아듣지 못할 정도로 발음이 부정확하고 음의 크기가 큰 편이다.

그리고 말을 잘 하지 않으려는 특성을 보여주며 아주 조그맣게 이야기를 하거나 자신이 이야기하고 싶은 때에만 말을 하기도 하는데 이때에는 발음이 매우 정확한 편이며, 통찰력이 부족하여 놀이나 작업에도 사물의 대소, 형태, 기능 등에 무관심하며 비합리적인 행위를 계속하는 경우가 많다. 이것은 통찰에 근거하지 않고 각각의 행위가 단편적이어서 일관성이 없다는 것을 뜻한다(김현주, 2002).

지적장애인이 가지고 있는 문제는 장애의 원인이나 장애의 시기, 정도 등에 따라 다양한데 특히 학습상의 문제 중에 가장 두드러진 특징은 의사소통의 장애이며, 일반적으로 언어는 의사소통의 기능뿐만 아니라 사고기능, 행동조직 기능을 가지고 있는데 이러한 중요한 기능이 지체된 지적장애인에게서 언어 능력을 향상시키는 일은 무엇보다 시급한 일이다(김영환, 1991).

(2) 사회 · 정서적 특성

지적기능의 장애는 정서나 사회성에도 영향을 주는 경우가 많다. 융통성이 없기 때문에 하나의 일에만 집착하는 등 대인관계가 원만하지 못하다. 자발적으로 사물을 처리한다든가 집단에 참여하려는 의욕이 결여되어 있기 때문에 전반적으로 의존성이 강하며 새로운 것에 대한 관심과 흥미가 없으므로 주위의 일에 무관심하며 방관적인 태도를 가지게 된다. 자신의 통제나 자율성이 약하며 사회의 규칙을 이해하고 준수하는 정신이 희박하고 자기중심적으로 행동하는 경우가 많아서 사회적으로 적응하는데 어려움이 나타난다(김현주, 2002).

지적장애인은 사회적응력의 결함으로 인해 또래로부터 거절당하거나 공격적인 행동과 분노를 자제하지 못하고 문제를 야기하는 경우가 많다. 또한 과잉행동을 나타내며 사회적으로 위축되어 수줍음과 불안한 태도를 보이고 두려움 및 신경질적인 특성을 나타낸다. 이런 특성으로 인하여 지적장애인은 대부분 미숙한 행동을 하고 위축된 행동을 나타내며 대인관계에서 지시를 따르거나 질문에 반응하는 정도이다(김현순, 1999).

따로 놀기는 하지만 나이가 비슷하거나 어린 아동들과 짧은 시간 놀 수 있고, 다른 사람을 인지하고 좋아하는 대상에게 애정을 표현할 수 있다. 자신이 가지고 놀았던 장난감을 지시에 따라 정리할 수 있으며 자신보다 장애가 심한 학생을 도와주는 모습도 볼 수 있다. 화장실을 이용하고 몸짓이나 짧은 단어 등으로 의사표현을 하며 바지가 젖으면 몸짓을 통하여 의사를 전달할 수 있다(유연호, 2011).

(3) 신체·운동적 특성

신체적·운동적 특성과 생리적 요구는 비장애인과 크게 다르지 않지만 신체기능이나 형태상의 결함, 훈련 부족에 의한 미발달, 그리고 신경계통의 결함 등에 의해 비장애 학생에 비해 일반적으로 많이 지체되어 있다. 또한 지적장애인은 달리기, 뜀뛰기, 던지기, 잡기, 평행성 등과 같은 기초적인 체력과 아울러 과제에 대한 반응속도, 이해부족 등으로 운동수행능력의 발달에 심한 지체를 보이고 있다(박봉섭, 2003).

지적장애인의 신체 및 운동능력에 있어서는 첫째, 지적장애인은 비장애인과 동일한 발달 패턴을 보이지만 발달속도가 느리다. 둘째, 기초체력과 운동숙련 정도가 정상 이하이다. 셋째, 지적장애인들과 비장애인 간의 체력 차이는 생활연령에 따라 증가한다. 넷째, 지적장애인은 심폐지구력이 크게 뒤지며, 성장단계에서의 신장, 체중, 흉위, 좌고 등의 신체적 변화는 비장애인에 비해 뒤지지만 완전한 성숙의 단계에서는 비장애인과 그 차이가 적은 편이다. 다섯째, 지적장애인은 일정한 연령이 되면 원시반사가 사라지지만 몸을 똑바로 세우거나 균형을 잡는 것과 같은 몸의 자세를 바르게 하는 동작에서 심한 지체를 보이며 운동기술 발달 또한 심한 지체를 보인다(김의수, 2003).

지적장애인이 비장애인에 비해 운동수행능력이 지체되는 이유는 성장과 성숙의 지연, 과제 경험의 부족, 근력과 협응의 부족, 운동양식의 미발달, 수행해야 할 동작에 대한 개념의 이해 곤란, 늦은 반응시간, 양질의 교육 결여 등으로 설명하고 있다. 이와 같이 지적장애인은 일반적으로 운동수행능력이나 체력에 열악함을 보이며 신체의 형태적 발달에 비해 기능적인 발달이 뒤처지므로 기본적인 움직임이 둔하고 협응력이 부족하며 이동능력과 조작능력과 같은 운동수행능력이 떨어지는 특징을 보인다. 이는 신체기능상의 결함으로 볼 수도 있지만 학습 및 훈련의 부족으로 인하여 발달이 미숙하기 때문이므로 흥미 있고 개인의 발달과정에 적합한 신체적 움직임을 통하여 잠재력을 개발하고 적응기술을 향상시키는 것이 필요하다(조인수, 장혜경, 2001).

작업수행과 관련한 특성으로는 지적장애인들은 일반적으로 자신에게 우호적이거나 적대적인 감정에 대해 매우 강한 감수성을 가지고 있다. 따라서 자신에게 표출된 감정을 쉽게 알아차리며 즉각적으로 반응한다.

지적장애인들은 대체로 지적활동이나 반응에 있어 손끝의 기능이 뛰어나다. 그렇지만 일반인의 능력범위에는 미치지 못한다. 그러나 이와 같은 손끝의 훈련에도 반응이 늦기 때문에 완고하거나 순종하지 않는다는 평가를 받기가 쉽다(김철, 2008).

많은 지적장애인들은 언어상의 제한으로 의사소통을 원활하게 하지 못하며 주의력의 집중시간이 아주 짧다. 그리고 매사에 계획성이 결여되어 있어 다른 사람들을 따라 살아가지 않으면 안 되며 학습능력이 뒤처진다(김철, 2008).

지적장애인들은 또한 실제적인 것에만 주의를 기울이므로 상상력의 한계가 있어 독창성과 상상력을 필요로 하는 일에 어려움을 느끼며 사물을 종합해서 보는 능력이 낮아 개념 사용에 한계가 있다. 그리고 자신의 노력을 평가하는 힘이 없으며 흥미범위가 협소하여 여러 사물을 잘 관찰하지 못한다.

지적장애인들은 물질적이거나 도덕적 문제라든지 소유권 등에 대한 경계인식의 곤란성을 가지고 있으며 선악의 구별능력이 부족하고 정서의 안정을 꾀하는 요소를 갖고 있지 못하여 예기치 못한 상황이 닥치면 어찌할 바를 모르는 경향이 있다. 그리고 한 번 교사나 고용주의 마음에 자기가 들었다는 것을 알면 그 사람에게 강한 충성심이나 애정을 가진다. 또한 습관을 강하게 고집하며 신체적 성숙도에 있어 낮은 성숙을 보인다(김철, 2008).

이와 같은 지적장애인의 특성을 직업선택 혹은 직종선택과 관련하여 보면 복잡한 일보다는 단순한 일, 어려운 일보다는 쉬운 일, 여러 가지 작업의 혼합이나 신속한 작업의 전이를 요구하는 일보다는 한 가지 작업의 반복, 위험한 일보다는 안전한 일이 지적장애인에게는 적합하다는 것을 알 수 있다.

이상에서 살펴본 대로 전반적으로 지적장애인은 자기결정력이 제한되기 때문에 지속적인 보호가 필요하고 제반 복지 인프라가 부족한 우리나라 상황에서 어머니의 양육 부담이 커질 수밖에 없다. 따라서 지적장애인의 지역사회 참여의 폭을 증진시키기 위해서는 지역사회 지원체계, 그리고 사회의 인식과 태도 등이 중요하게 작용하게 된다는 것을 확인할 수 있다.

2) 지적장애인 가족의 특성

가족은 변화하고 성장하며 항상성을 유지하는 속성을 가지고 있다. 건강한 가족은 서로에게 지지적이며 존중해주지만 가족원 중 한 사람이 질병상태에 있게 되면 가족 상호작용은 균형이 깨어져 새로운 적응과 조정이 필요하다. 그리고 장애인이 있는 가족은 장기간 돌보아야 하고 병의 특성으로 인한 사회적 편견 때문에 가족 내 긴장이 증대되고 지속적인 스트레스를 경험하게 됨으로써 가족기능이 약화되고 역기능적이 될 수 있다. 장애인가족은 장기적 위기를 겪게 됨으로써 빚어지는 부적응, 정서적 불안, 우울, 분노, 수치심, 죄의식 등을 극복, 통제하는 역할을 하는데, 이러한 가족의 역할상실은 지지체계의 상실을 의미하며 가족 내에 불균형을 초래한다(김종혜, 2011). 그 외에도 장애아의 부모는 일반아의 부모에 비해 걱정, 불안 정도가 높고 상태분노, 특선분노, 분노표출 및 우울증상이 많을 뿐만 아니라 부모로서의 능력수행에 낮은 자신감을 보인다(김은숙, 1990).

또한 정신질환 문제에 적절히 적응하지 못하는 것은 가족 외부와의 관계에도 영향을 주게 되는데, 외부와의 관계에서 의존하거나 혹은 고립되는 양극단에 서게 된다. 그리하여 가족구성원은 친구, 친척, 이웃, 사회기관 등으로부터 불균형적 또는 부가적 의무에 도움을 기대하게 된다. 그러므로 가족 내의 한 구성원의 신체 및 정신질환은 나머지 가족들에게 심한 정서적 반응을 일으키게 되며, 정서적 반응 중 하나인 불안은 우울과 함께 정신과 영역에서 흔하게 나타나는 심리적 불안정 신호의 의미를 지닌다. 뿐만 아니라 가족의 정신질환으로 인해 가족은 스트레스를 받게 되며 이와 같은 스트레스와 불안 등 심리적 고통을 경험하는 가족들에게 있어 중요한 것은 장애에 대한 태도인데, 가족들은 정신질환에 대한 올바른 지식이 부족하고 정신질환을 오명으로 생각하는 경향이 있으며, 가족이 정신질환에 대하여 바르게 인식하지 못함으로 인해 치료에 어려움을 겪는다(김종혜, 2011).

특별히 지적장애아를 둔 부모 역시 양육에 많은 시간과 노력을 요구받게 된다. 장애아는 일상생활에서 부모의존도가 높아 추가 양육부담이 크기 때문에 육체적, 정신적 피로를 더 많이 느껴 허약한 건강상태에 있고, 이러한 양육부담으로 인해 가족 간의 여행이나 외출이 힘들고 활동에 제약을 받을 뿐 아니라 자기만의 시간을 가질 여유가 없으며(박신정, 2008; Blacker, 1984), 그 외에도 지적장애아의 지속적인 치료와 교육으로 인해 양육자의 취업가능성이 줄어들어 경제적인 어려움까지 갖게 되어 중복 스트레스를 경험하는 가정이 많다(오연수, 2004).

지적장애아에 관련된 양육스트레스에 영향을 미치는 요인은 지적장애아동과 관련한 요인과 부모 관련 요인으로 구분하는데, 지적장애아동 관련 요인으로 아동의 성별, 연령, 장애 정도, 중복장애의 여부 및 종류, 발견의 시기, 교육기간 경험 여부 및 기간, 치료 및 교육비용 등이 있으며, 부모 관련 요인에는 부모의 성, 부모의 교육수준, 가족의 수입, 결혼관계, 직업, 학력, 종교, 결혼기간, 자녀 수 등이 포함된다(박경실, 2002).

지적장애인 자녀의 성장과정에 따른 특성과 이에 따른 어머니의 양육 어려움에 따른 영향을 살펴보면 다음과 같다. 영·유아기는 두 돌이 지난 후 지적장애가 확연하게 나타나게 되는데(이한우, 2002), 지적장애 아동으로 인해 어머니는 자녀의 치료, 특수교육, 그리고 재활 등 지적인 능력을 발전시켜야 한다는 부담을 지닌 채 더욱 많은 서비스와 지원을 해야 함에 어려움을 보이며(이애현, 1995), 이로 인해 4~5세 지적장애유아 자녀를 둔 어머니가 비장애유아 어머니보다 양육과정에서 스트레스를 더욱 지니게 되고, 또한 비장애유아의 어머니에 비해 덜 온정적이고 비합리적인 양육행동을 보인다(고일영 외, 2007).

학령·청소년기에 있어 학령기의 경우 지적장애인은 지적발달 측면에서 또래의 비장애 집단에 비해 2~4년 정도의 지체를 보이는데 이러한 지적인 능력의 지체로 인해서 비장애 학생들과의 교류에서 소외를 당하게 되고(Horvat, 2000) 학습에 필요한 주의 집중시간이 짧고 단기 기억력도 비장애인에 비해 부족하기 때문에 학습의 속도가 지연되어(Baker et al., 1997) 지적장애인 어머니는 이로 인한 양육의 어려움과 스트레스를 받게 되고, 초등학교 입학시기인 만 7~9세의 지적장애아동 부모들이 같은 연령시기의 장애아동 부모와 비교할 때 더 높은 양육스트레스를 받게 된다(Campbell, Gilmore & Cuskelly, 2001).

중학교와 고등학교는 청소년기라고 할 수 있는데, 청소년기의 지적장애인은 신체적·감정적·사회적 변화들에 직면하면서 성적인 발달로 큰 변화를 경험하지만 지적장애인의 자립적인 활동은 상대적으로 제한적이기 때문에 무력감을 더 쉽게 경험하게 되고, 이 시기의 지적장애인 어머니는 성에 관련된 정보 부족과 전문가의 부재로 인한 양육의 어려움을 경험하고(오세란, 2001), 청소년기의 지적장애인은 성인기로 전환하는 시기를 직면하고 있기 때문에 어머니들은 고등학교 졸업 이후 진로에 대한 증폭된 스트레스를 경험한다(조추용 외, 2007).

성인기는 대체로 청소년기가 끝나는 시기부터의 연령대로 볼 수 있으며 학교라는 제도권을 벗어나 사회로 진입하는 시기이므로 지적장애인과 그 어머니는 변화된 상황을 또 다시 직면하게 되는데(최옥채 외, 2008), 이 시기의 어머니는 자신의 노화를 경험하면서도 성인이 된 장애자녀를 돌봐야 하는 이중적인 부담을 경험하게 된다(최선경, 2008). 그리고 일반적으로 성인기는 학업의 과정을 마치고 경제적으로 자립하며 결혼을 통해 자녀를 출산하고 양육하는 인생의 과정이며, 특히 성인기는 이성과의 만남을 통해 성 정체성을 확립하고 직업을 통한 경제적인 독립을 시도하는 시기이지만 지적장애인은 이 모든 과정을 자립적으로 해결하기에는 많은 제한이 있기 때문에 어머니는 스트레스를 경험하게 된다(Blacker, 1984).

이 같은 성인기 지적장애인이 직면하게 되는 상황은 그들을 양육하고 있는 어머니의 심리적인 부담을 더욱 증폭시키는데 어머니는 자녀의 불투명한 거주계획으로 위기상황에 더욱 크게 직면하게 된다(Grant, Ramcharan, McGrath, Nolan & Kwady, 1998).

3. 장애인거주시설의 이해

장애인복지시설은 장애인의 성·연령 및 장애의 유형과 정도를 고려하여 보호·의료·생활지도·재활훈련과 자립생활지원 등의 서비스를 제공해야 하며 우리나라의 장애인복지시설의 종류는 장애인복지법 제58조(개정 2011.3.30)에 첫째, 장애인거주시설 둘째, 장애인지역사회재활시설 셋째, 장애인직업재활시설 넷째, 장애인의료재활시설로 규정하고 있다(김철, 2008).

1) 장애인거주시설의 특성

현재 우리나라의 장애인거주시설의 경우 장애 유형에 따라 분류를 해놓았으나 각 시설의 유형에 따른 기능과 특성에 있어 연구를 기반으로 한 자료를 찾기가 어려우며, 시설 자체적으로 장애 유형에 맞는 서비스를 제공하려는 노력을 경주하고 있는 정도이므로 여기서는 공통적으로 해당되는 장애인거주시설의 기능을 간단하게 정리한 후 특성을 다루고자 한다.

먼저 장애인거주시설의 기능은 김철(2009)의 다섯 가지 기능, 즉 거주서비스 기능, 원조서비스 기능, 기술서비스 기능, 의료서비스 기능, 교육서비스 기능과 홍기원(2009) 및 이희옥(2009)의 세 가지 기능, 즉 거주서비스 기능, 기술(치료·훈련)서비스 기능, 원조서비스 기능과 이희춘(2010)의 네 가지 기능, 즉 거주서비스 기능, 기술(치료·상담·훈련)서비스 기능, 원조서비스 기능, 생애주기별 서비스 기능으로 구분하고 있다.

이들 기능을 중심으로 양육자의 부담과 어머니들이 가지고 있는 생각을 중심으로 재구성하여 거주서비스 기능, 원조서비스 기능, 기술(치료·상담·훈련)서비스 기능, 의료서비스 기능, 교육서비스 기능, 생애주기별서비스 기능으로 구분하고자 한다.

장애인거주시설의 특성은 서비스 제공자(김철, 2009)와 서비스 이용자(이희옥, 2009; 홍기원, 2009; 이희춘, 2010) 측면으로 나뉜다. 먼저 서비스 제공자 측면에서는 복합성과 비영리성으로,

이를 정리하면 다음과 같다. 첫째, 서비스의 복합성은 각종 재활 프로그램을 통해 지역사회의 가정 내에서 생활하고 있는 장애인을 대상으로 장애의 사정과 평가, 사회심리와 직업재활 등의 종합적인 서비스를 제공한다. 즉, 사회·심리재활서비스와 교육재활서비스, 의료재활서비스, 직업재활서비스 등을 복합적으로 장애인들에게 제공하여 삶의 질을 높여준다. 둘째, 전문가의 복합성은 장애인거주시설은 장애문제의 복합성과 신체적, 심리적, 사회적, 경제적, 직업적 제 문제에 따라 많은 전문 분야가 복합되어 있다. 의사, 물리치료사, 작업치료사, 간호사, 언어치료사, 보장구 기사 등의 의료요원과 전문 분야로는 심리적, 사회적 문제를 돕기 위한 전문사회복지사, 임상심리학자 등이 있다. 이와 같은 전문 분야가 장애인 재활이라는 목적에 관심을 두는 특성이 있다. 따라서 모든 전문가들은 자기의 한계점을 인식하고 다른 전문가들과 협의하고 협조할 필요가 있다. 셋째, 비영리성은 장애인거주시설은 조직의 비영리 목적으로 국가의 예산으로 조직된 단체이다. 장애인거주시설도 다른 조직체와 마찬가지로 특정한 목표를 수행하기 위해 의도적으로 마련된 사회체계이기는 하나 영리를 목적으로 구성된 단체가 아니며 막대한 국가의 예산으로 수행되는 단체이다.

그리고 서비스 이용자 측면에서는 첫째, 심신의 미발달, 미성숙, 노화 또는 심신의 장애로 인해 타인에게 의존하지 않고서는 자립생활을 할 수 없는 사람으로서 둘째, 이들을 보호·양육해야 할 가족이 어떠한 이유에서든지 현재 없거나 있다 하여도 가족의 부양기능이 결여되어 가족 내에서 생활이 곤란하거나 부적당한 경우 셋째, 경제적 곤궁으로 인해 자립 생활이 곤란한 경우 등에 있는 사람들에게 그의 일상생활, 치료, 재활에 필요한 모든 서비스를 제공하여 생존권을 보장하는 시설로 지역사회재활시설과 구별된다.

2) 장애인거주시설의 입·퇴소 절차

(1) 입소 절차

입소 절차의 공통사항은 입소 장애인이 자신의 주소를 해당시설로 이전하는 것이다. 시설 입소는 일반, 긴급, 실비 입소 대상자로 나뉘는데, 일반 입소 대상자의 경우 장애인 본인 및 그 친족, 그 밖의 관계인이 관할 시장·군수·구청장에게 신청 후, 시장·군수·구청장은 서비스의 필요성과 대상자 여부 등을 심사(적격성 여부)하며, 입소 대상 자격기준에 합당한 자로서 복지실시기관이 직권 또는 장애인이나 그 가족 등의 입소 신청에 의하여 당해 장애인을 입소 의뢰하고자 하는 경우는 검진, 상담 또는 가정실태 조사 등을 행하고 장애인복지법 시행규칙 제19조에 의한 '장애인복지시설 입소(통원)의뢰서'를 작성하여 해당 시설장에게 입소를 의뢰하게 된다.

입소계약체결은 시설 입소 여부가 확정되기 전 시설장은 해당

장애인과 그 가족, 복지 시실기관 등이 입소 대상자에게 시설에서 제공되는 서비스 및 입소에 대한 정보를 제공해야 하며 '장애인복지시설 입소(통원)의뢰서 또는 입소 신청서'를 받은 시설장은 입소 대상자 또는 보호자와 거주시설 입소 계약체결 여부에 대해 협의를 거쳐 확정하게 된다.

그리고 입소 희망 장애인 또는 민법에 따른 장애인의 후견인, 장애인의 배우자 또는 부양의무자인 1촌의 직계혈족, 장애인의 주소지를 관할하는 특별자치도지사·시장·군수·구청장이 지명하는 사람과 해당 시설의 운영자는 서비스 이용조건, 본인부담금 등의 사항을 포함하여 계약을 체결하고 관할 시·군·구청장에게 보고하게 되며 계약체결과정에서 시설운영자는 입소 희망 장애인을 대상으로 부당한 조건을 요구해서는 아니 되며 계약서는 시장·군수·구청장이 관할 지역의 환경 및 시설의 특성을 고려하여 장애인복지법 시행규칙 제44조의2 제6항에 따른 계약에 관한 계약서 견본을 마련하고, 시설 운영자에게 그 이용을 권장하게 된다.

계약서에 포함되는 사항은 시설 운영자의 의무에 관한 사항, 시설 입소자가 본인 또는 다른 사람의 신체에 위해를 가하거나 가할 우려가 있는 경우 시설 운영자가 할 수 있는 제한조치의 내용, 절차, 한계 및 이의제기에 관한 사항, 시설 입소자의 권리와 의무에 관한 사항, 계약절차의 대행자의 권리와 의무에 관한 사항, 시설 입소 중단절차에 관한 사항, 시설 입소에 따른 비용과 본인 부담금에 관한 사항, 계약기간, 계약 위반에 따른 조치사항 등이다.

긴급입소 대상자는 장애인거주시설 입소 절차인 시설서비스 신청과 입소적격성 여부를 심사하지 않고 장애인거주시설에 입소하는 경우로 인권침해상황 발생 시 구제조치를 실시해야 하는 자나 갑작스러운 사고 등으로 인해 무연고가 된 자 등이 이에 해당된다. 이와 같이 긴급입소자가 입소한 장애인거주시설 운영자는 시설 입소자, 그 친족 또는 그 밖의 관계인의 인적사항, 시설 입소 개시일, 시설서비스 신청과 입소적격성 심사를 거치치 아니한 이유를 시장·군수·구청장에게 보고하여야 하며, 이와 함께 장애인거주시설 운영자는 시설 입소자, 그 친족 또는 그 밖의 관계인에게 장애인거주시설 입소 절차를 안내하여 긴급입소자가 장애인거주시설 입소 절차를 이행하도록 해야 한다.

실비입소 대상자의 경우는 무료입소 대상자와 동일하다. 단, 해당 시장·군수·구청장은 실비입소자 명단, 상담 평가기록부, 비용 수납대장을 별도 작성하여 관리한다.

(2) 퇴소 절차

퇴소 절차는 장애인의 사망·원 가정 복귀·시설 전원·장애인의 요구 등으로 장애인에 대한 시설서비스가 종료되는 경우, 해당 시설장은 복지실시기관 및 장애인 가정 등에 퇴소 사실을 통보하게 되며 시설의 전원 및 장애인의 요구 등으로 시설서비스가 종료되는 경우, 해당 시·군·구청장은 전원되는 시설에 대한 정보나 시설서비스 종료 후 지역사회에서 이용할 수 있는 서비스에 대한 정보를 제공하고 서비스 종료를 위해서는 본인 및 부양의무자의 동의서를 받아 처리하게 된다. 그러나 개별적인 사유 등으로 긴급하게 시설의 전원이 필요한 경우는 동의서를 받기 전 복지실시기관이 우선 조치하게 된다(보건복지부, 2013).

3) 장애인거주시설의 입소자 현황

(1) 입소 대상

장애인거주시설 입소 대상의 공통사항은 등록 장애인으로, 무료입소 대상자와 실비입소 대상자로 나뉜다. 무료입소 대상자는 국민기초생활보장법에 따른 수급권자이나 수급권자가 아닌 경우라도 등록 장애인으로 부양의무자가 없거나 부양의무자가 있어도 부양능력이 없거나 부양을 받을 수 없는 자이며 입양기관 보호 아동이 대상이 되고 실비이용 대상자는 소득조건에 관계없이 등록 장애인이면 된다.

(2) 시설종류별 입소 대상 장애인 유형

우리나라의 장애인거주시설의 종류는 크게 장애유형별거주시설, 중증장애인 요양시설, 장애영유아거주시설, 장애인단기거주시설, 장애인공동생활가정이 있다. 장애유형별거주시설은 장애유형이 같거나 또한 유사한 장애를 가진 사람들을 입소 또는 통원하게 하여 그들의 장애 유형에 적합한 의료·교육·직업·심리·사회 등 재활서비스와 주거서비스를 제공하는 시설로 지체장애인거주시설, 시각장애인거주시설, 청각장애인거주시설 그리고 지적장애인거주시설이 있다.

중증장애인요양시설은 장애의 정도가 심하여 항상 도움이 필요한 사람을 입소하게 하여 상담·치료 또는 요양서비스를 제공하는 시설이다.

장애영유아거주시설은 6세 미만의 장애 영유아를 입소 또는 통원하게 하여 보호함과 동시에 그 재활에 필요한 의료·교육·심리·사회 등 재활서비스를 제공하며 시설 장애인이 필요한 기간 동안 거주하면서 재활에 필요한 상담·치료·훈련 등의 서비스를 받아 사회복귀를 준비하거나 장애로 인하여 장기간 요양하는 시설을 말한다.

장애인단기거주시설은 1개월 기준으로 보호자의 휴식 또는 일시적 피난 등이 필요한 장애인을 대상으로 단기간 주거서비스, 일상생활지원서비스, 지역사회생활서비스 등의 필요한 서비스를 제공하는 시설을 말한다.

장애인공동생활가정은 장애인들이 스스로 사회에 적응하기 위해 전문인력의 지도를 받으며 공동으로 생활하는 지역사회 내의 소규모 거주시설을 말하며 입소 대상은 거주시설 입소 대상자와 동일하다(보건복지부, 2013).

(3) 입소자 현황

입소자 현황은 본 연구의 연구참여자 선정기준과 관련하여 장애유형별 최초 시설 입소 연령대 현황으로 정리하고자 하며, 장애유형별 최초 시설 입소 연령대는 <표 1>과 같이, 절반 이상이 20세 미만에(57.8%) 시설에 입소하였고, 그중에서도 10세 이전에 입소하는 경우가 약간 더 많다. 장애유형별로는 지체장애(26.9%), 뇌병변장애(53%), 시각장애(32.2%), 청각장애(41.6%), 언어장애(34.6%)는 10세 이전에 입소한 경우가 많은 반면 지적장애(32.3%), 자폐성장애(47%), 정신장애(21.2%)는 10대에 입소한 비율이 상대적으로 높다.

〈표 1〉 장애유형별 최초 시설 입소 연령대

(단위: 명, %)

| | | 최초 시설 입소 연령(10년 단위) | | | | | | | 합계 |
		10세 이전	10대	20대	30대	40대	50대	60대 이상	
지체 장애	총계	625	413	386	334	316	191	58	2,323
	비율	26.9	17.8	16.6	14.4	13.6	8.2	2.5	
뇌병변 장애	총계	1,219	353	152	179	199	154	44	2,300
	비율	53	15.3	6.6	7.8	8.7	6.7	1.9	
시각 장애	총계	317	301	109	110	85	41	22	985
	비율	32.3	30.6	11.1	11.2	8.6	4.2	2.2	
청각 장애	총계	166	111	33	24	19	22	24	399
	비율	41.6	27.8	8.3	6	4.8	5.5	6	

〈표 1〉 장애유형별 최초 시설 입소 연령대(계속)

(단위: 명, %)

		최초 시설 입소 연령(10년 단위)							합계
		10세 이전	10대	20대	30대	40대	50대	60대 이상	
언어 장애	총계	92	75	35	28	17	10	9	266
	비율	34.6	28.2	13.2	10.5	6.4	3.8	3.4	
지적 장애	총계	3,571	4,474	2,833	1,647	861	368	96	13,850
	비율	25.8	32.3	20.5	11.9	6.2	0.7		
자폐성 장애	총계	118	154	44	9	3	0	0	328
	비율	36	47	13.4	2.7	0.9	0	0	
정신 장애	총계	59	69	50	57	44	28	18	325
	비율	18.2	21.2	15.4	17.5	13.5	8.6	5.5	
신장 장애	총계	1	0	1	0	0	1	1	4
	비율	25	0	25	0	0	25	25	
심장 장애	총계	4	1	0	0	0	0	0	5
	비율	80	20						
호흡기 장애	총계	0	1	0	1	2	1	0	5
	비율	0	20	0	20	40	20	0	
간장애	총계	4	3	0	1	1	1	1	11
	비율	36.4	27.3	0	9.1	9.1	9.1	9.1	
안면 장애	총계	4	0	0	1	1	0	0	6
	비율	66.7	0	0	16.7	16.7	0	0	
간질 장애	총계	23	11	13	23	33	6	3	101
	비율	22.8	10.9	12.9	22.8	21.8	5.9	3	
전체	총계	5,630	5,606	3,465	2,256	1,469	757	248	19,431

출처: 전국 장애인복지시설 실태조사 분석연구(백은령 외, 2011)

4. 장애자녀 어머니의 양육경험

양육경험이란 양육자가 아동이 발달 시기에 맞추어 발달 과업을 제대로 수행하도록 심리적, 물리적 도움을 제공하면서 실제로 겪는 다양한 경험을 뜻한다. 즉, 양육경험이란 아동을 양육하면서 아이의 특성, 양육자의 특성, 환경에 따라 얻게 되는 다양한 경험이다. 이는 장애아를 둔 어머니가 그들의 자녀를 양육하면서 긍정적, 부정적 영향을 받았거나 외부 환경이 그들의 삶에 어떤 영향을 미쳤는가와 자녀가 살아오면서 어떤 모습으로 성장해 왔는지의 양육에 대한 여러 가지 경험들이라고 말할 수 있다(김종민, 2012).

사회복지 및 특수교육 등의 다양한 영역의 학문 분야에서 장애아동 가족에 관한 연구들을 다루어왔다. 대부분의 연구들이 장애아동 가족이 나타내는 역기능적이고 부정적인 경험들에 주목하였고 이는 장애아동으로 인한 피할 수 없는 당연한 결과라고 가정하였다(류소영, 2009).

장애아동에 대한 어머니들의 수용단계는 충격, 부인, 불신, 분노, 적대감, 비통함, 낮은 자기 존중감, 슬픔, 부끄러움, 죄책감과 우울함을 경험하고 최종적으로 장애아동의 입장에서 생각하면서 점차 장애를 일상생활의 현실로 수용하게 된다(Blacker, 1984). 그리고 장애아동의 평생과제로 스트레스, 죄의식, 절망, 실망, 탈진, 현실관계의 긴장, 욕구불만, 실패감과 고립감을 갖게 되고 장애아동 부모들의 장애아동 양육에서의 중심 현상은 '짐스러움'으로 장애아동 양육의 버거움을 나타내고 있다(한경임 외, 2003).

이는 곧 장애자녀의 어머니는 비장애자녀의 어머니보다 더 많은 양육스트레스를 경험하는 것을 의미한다(백사인, 2006; 고일영 외, 2007; 최선경, 2008; Walden, Pistrang & Joyce, 2000; Sheehy & Nind, 2005). 이러한 원인은 장애아동의 경우 일반적으로 사소한 부분까지 다 챙겨주어야 하기 때문에 일상생활에서 어머니에 대한 의존도가 높아서 일반아동의 어머니에 비해 장애아동의 어머니들은 높은 수준의 양육스트레스를 경험하게 되고 이러한 스트레스로 인한 신체적 자각증상으로 불면증, 소화불량, 두통 등을 보이고 걱정, 두려움, 예민한 반응, 긴장, 좌절, 불행감과 같은 정서적인 감정을 느끼며 부모로서의 자신감이 낮게 나타나게 된다(안범현, 1999).

특히 다른 유형의 장애보다 지적장애 아동 부모의 교육적인 스트레스가 높고, 발달장애 아동 부모는 신체적인 스트레스가 높다(이종화, 김동환, 2000).

또한 지적장애는 낮은 신체적 건강을 지니는 반면 높은 신체 의존성을 지니는 장애 특성으로 인해 어머니들은 일생동안 자녀를 신뢰하고 맡길 곳을 찾는 데 어려움을 느끼며, 장애자녀가 성장할수록 자신의 사후에 자녀가 안정적으로 생활할 거주장소를 결정해야 하므로 장기적인 스트레스 상황에 노출된다(차혜정, 2008; 최선경, 2008; Warfield & Hauser-Cram, 1996).

또한 지적장애 자녀의 어머니는 제한된 사회적 활동으로 인해 심리적인 안정이 저해되고 결국은 사회적 고립현상으로 이어지기 때문에 스트레스를 경험하게 된다(이한우, 2002; 최선경, 2008). 그리고 지적장애 자녀의 어머니는 장애자녀의 성장과 함께 자신의 노화로 인하여 스트레스를 경험하게 되는데 그 이유는 이 시기의 어머니는 노년기라는 위기에 직면하기 때문이다(남연희, 2001; 최선경, 2008; Olssen & Hwang, 2001).

그러나 이러한 결과는 장애인에 대한 오랜 배제의 역사 속에서, 여전히 장애는 개인적인 비극이며 따라서 사회적 불이익은 어쩔 수 없는 것이고, 장애인은 그 가족들이 돌보는 것이 당연하다는 비장애인 중심의 사회인식을 당연시하고 있음을 말해준다. 그래서 사회인식에서 바라본 장애인 가족의 삶은 고통과 스트레스로 환원되나 사람들은 살아가면서 누구나 크고 작은 위기를 경험하며 그에 따른 스트레스를 경험한다. 그리고 그때마다 자기 조건에서 동원 가능한 자원을 사용하여 위기에 대처해 나간다(최경화, 2010).

이러한 측면에서 장애 자녀의 어머니의 양육경험에서 지속적으로 제기되어 오는 것이 탄력성으로, 장애 자녀를 둔 어머니의 양육경험을 만족이나 보상(이선애, 2004; 윤숙자, 2006, 신정윤, 2007) 그리고 행복과 성취감, 인생에 대한 감사, 풍성한 삶, 가족 친밀감, 인내와 연민의 증가, 개인의 성장, 그리고 윤리와 신앙의 성숙(Sandier & Mistretta, 1998; Scorgie & Sobsey, 2000), 새로운 규칙, 새로운 개인적인 성격 또는 현재 성격의 변화, 폭넓은 사람들과의 확장된 관계와 영적 강화를 위한 요소, 관용과 이해를 증가시키는 훈련, 가족과 지역사회에 대한 긍정적인 영향 등의 경험을 한다(Staninton & Besser, 1998).

이는 모든 장애아동의 가족이 자녀의 장애로 인해 부정적인 경험만을 하는 것은 아니며, 장애아동 양육을 통해 긍정적인 감정이나 경험을 하고, 실제로 많은 가족들이 자녀의 장애에 성공적으로 적응한다는 것을 말해주고 있는 것이다.

특히 정신장애인을 돌보는 어머니를 대상으로 한 돌봄 만족감 연구(김연수, 2006)에서, 돌봄 경험의 긍정적인 측면들을 상세하게 소개하고 있다. 돌봄 만족감이란 돌봄 경험에서 인지적 재평가의 중요성이 대두되면서 돌봄 경험의 과정에 의미를 부여하고 긍정적 측면을 발견하려는 시도에서 연구되기 시작한 개념으로서, 이는 돌봄 경험을 통해 얻는 만족이나 보상 등 긍정적 측면을 간과하고 있다는 비판과 함께 돌봄 경험에 대한 긍정적 평가를 대변하는 개념으로 등장한 것이다(김연수, 2006).

이러한 돌봄 경험은 부모에게 개인적 성장과 보다 깊은 자기이해의 과정이 될 수 있고, 인간적으로 더 강해지고, 인내심이 생기며, 다른 사람에 대해 더 민감하게 되고, 공감하는 능력과 복지서비스에 대해 더 소신 있게 요구하는 능력 등을 증진시키는 긍정적 측면이 있는 것으로 나타났고 돌봄 경험은 자기실현의 과정이 될 수 있으며, 어려움에 대처하는 과정을 통해 자신의 내적 자원을 인식하게 되고, 인생의 우선순위가 변화하게 되어 작은 성취에도 감사하게 되며, 부모로서의 의무를 다하는 것과 자신에 관해 더 알게 된 것으로부터 만족감을 느끼게 하는 것으로 평가되었다(김연수, 2006).

특별히 지적장애 자녀를 둔 어머니의 경우에도 지속적인 보상과 감사를 경험하며(이은영, 2010), 가족의 인격적 성숙, 장애자녀 양육 경험을 통한 어머니의 배움, 장애자녀로 인한 어머니의 긍정적 정서, 어머니의 사회적 관점 증가, 가족 역량의 강화, 어머니의 사회적 지지망 확장, 어머니의 직업 관련 능력 향상 등의 긍정적인 경험을 하게 된다(김은서, 2005). 그리고 정신질환을 동반한 지적장애인 자녀를 둔 어머니의 경우, 적극적 사회생활 참여, 교육 및 훈련활동 참여, 종교 활동, 정서적 성숙, 삶에 대한 긍정적 가족관계 형성, 자녀에 대한 부정(父精), 형제간의 우애, 비장애자녀로부터의 위안, 소중한 존재로서의 장애자녀, 관심과 사랑, 자녀와 동일시라는 긍정적인 측면이 있다(이상미, 2008).

그리고 지적장애인을 형제로 둔 비장애 형제들의 경우에도 지적장애형제 돌봄에서 "장애형제로 인해 나와는 다른 사람들을 이해하게 되었고 겸손해졌다. 다른 사람들을 판단하지 않고 책임감 있고 성숙하며 사회정의에 대해 이해하고 타인의 입장을 잘 공감할 수 있었다. 아무나 얻을 수 없는 값진 것이라고 생각한다. 답답할 때도 있지만 지적장애형제가 좋다. 지적장애형제가 불쌍하다는 생각, 안 됐다는 마음도 있고 마음 한편으로 보살펴야겠

다는 생각도 있다"고 이야기함으로써 지적장애형제로 인한 긍정
적인 경험을 확인할 수 있는데(김기희, 1998), 이는 지적장애의
초기 단계에서는 가족들이 일반적으로 좌절이나 절망감을 경험
하지만 이러한 부정적 경험이 일관되게 지속적이지만은 않다는
것으로 이해할 수 있다.

Ⅲ

연구방법

사람들은 시각장애인으로 태어난 것보다 더 불행한 것이 뭐냐고 나에 게 물어온다. 그럴 때 마다 나는 '시력은 있으나 비전이 없는 것'이라 대답한다.

- 헬렌 켈러

1. 현상학적 연구방법

본 연구는 지적장애인의 시설 입소에 관한 어머니의 경험, 즉 체험을 깊이 있게 탐색하고, 그 특별한 경험이 갖는 의미가 무엇인지 이해하는 데 연구의 초점을 맞추었다. 즉, 자녀의 시설 입소에 관해 어머니는 '무엇'을 경험하였고, '어떻게' 경험하였는지를 구조적 기술로 발전시켜 '경험의 본질'을 알아보고자 하는 것이다.

이러한 측면에서 질적 연구방법은 잘 알려지지 않은 주제에 관한 탐색적 접근방법을 통해 그 현상이나 사건을 이해하고 설명하고자 하는 경우에 유용하게 활용될 수 있다(Morse & Field, 1995). 그리고 연구 대상이 자신의 사회세계와 행위에 대해 어떤 의미를 부여하고 상황을 정의하고 그에 따라 행위하는지를 그들의 관점에서 이해하고자 한다(김영천, 2006). 이는 곧 특정 상황에 있어서 인간행동의 이면에 관심을 가지고 그것에 대한 느낌, 동기, 관념 등을 보다 심층적으로 이해하는 데 목적이 있다(최종혁, 2009). 따라서 인간경험의 복잡한 현상을 이해하고, 실제로 어떤 삶을 살고 있는 사람들의 시간으로부터 '살아 있는 경험'에 대한 이해를 얻음과 동시에 그들의 삶으로부터 어떤 의미를 도출하고자 하는 경우에 적절한 연구방법이다(유태균, 2001).

이러한 질적 연구에는 몇 가지 방법이 있는데, 연구주제에 따른 연구방법의 적절성에 관하여 내러티브의 초점이 한 개인의 인생에 맞추어져 기술되며, 근거이론이 하나의 이론을 개발하고, 문화기술지의 목적이 문화공유 집단을 기술하는 데 있다면 현상학의 초점은 개념이나 현상에 대한 개인의 경험과 그 의미를 기술하고, 인간의 경험에서의 의식의 구조를 탐색하는 데 있다(김귀분 외, 2005). 현상학적 접근의 과제는 사변적인 것에 반대하여 경험을 통해 직접 주어지는 것, 즉 살아 있는 경험을 있는 그대로 보며, 그 경험의 본질을 현실 속에서 밝혀내는 것이다. 즉, 사물의 일반성보다는 본질을 강조하면서 의식 속에 나타나는 그대로의 경험을 강조한다. 여기서 본질에 도달하기 위해서는 사태 자체의 경험을 직관에 의해 드러내는 것이 중요하며, 의식의 참모습을 찾는 것이 핵심과제이다. 이때 의식이란 어떠한 전후 맥락 속에서 아무런 편견 없이 들여다보는 현상, 즉 체험된 의식 내용이다(김귀분 외, 2005).

그리고 현상학적 방법론은 대상자의 진술이 갖는 진실성보다 그 진술을 확보한 뒤에 연구자가 무엇을 하느냐에 일차적인 무게가 더 실려 있다. 즉, 본질을 찾으려 노력하는 단계가 현상학적 연구가 다른 질적 연구방법과 다른 점이라고 할 수 있다(이기연, 2005).

그러므로 지적장애인의 시설 입소에 관한 어머니의 경험의 본질이나 의미를 깊이 이해하고 드러내기 위한 적절한 질적 연구방법으로 현상학적 관점과 태도에서 접근하려고 한다. 또한 질적 연구는 아직까지 별로 알려지지 않은 현상들을 깊이 있게 이해하고자 할 때 더욱 유용하다. 이러한 측면에서 지적장애인의 시설 입소에 관한 어머니의 경험이나 인식에 대한 연구가 연구자들의 큰 관심을 끌고 있지 못한 가운데 정보가 제한되어 있는 상황에서 거주시설에 입소한 지적장애인 자녀를 둔 어머니들을 연구참여자로 선정하여, 자녀의 시설 입소에 있어 그들의 시각으로부터 '살아 있는 경험'에 관한 이해를 얻음과 동시에 연구참여자의 삶으로부터 어떤 의미를 도출하고, 그들 스스로 자신들의 세계를 바라보는 방식이나 자신들의 다양한 삶의 주관적인 경험, 상황에 대한 포괄적인 이해를 획득하는 데는 현상학적 연구에 의한 질적 연구방법이 매우 적절하다고 본다.

특히 '현상학'은 주어진 현상의 발생적, 구성적 근원을 탐구하는 학문으로서 인식 주체가 경험하는 의식작용을 탐구하는 철학적 방법론에 그 바탕을 둔다(신경림, 2003). 그리고 현상학의 목적은 인간적인 이해를 증진시킨다는 목표에서 명상적인 사고를 기초로 하는 행동의 본질을 설명하는 것으로, 현상학적 연구는 하나의 개념이나 현상에 대한 여러 개인의 체험의 의미를 기술하는 것으로, 현상학자들은 인간 경험에서의 의식의 구조를 탐색한다(신경림, 2003). 그러므로 현상학적 연구방법은 경험 본질의 내용이 드러나게 하는 연구방법으로서 본 연구의 목적과 부합된다.

이러한 현상학은 순수철학의 영역에 머무는 것이 아니라, 현상의 본성을 추구하는 '지향성'을 지녔다는 측면에서 실천적 성격을 가진다. Husserl의 현상학 전체를 포괄하는 주체인 지향성은 모든 인간의 활동은 항상 지향된 것이며, 인간이 항상 자기 자신이 아닌 그 어떤 것을 향하게 된다는 근본적인 사실을 말한다(Giorgi, 1985). 일상 언어에서 지향성은 '무엇을 향해 특히 주의를 기울임'을 의미하며, 동시에 '무엇을 의도함'이라고 볼 때 의지적 지향성으로 규정된다. 따라서 현상학은 의지적 지향성을 본질적 계기로서 지니고 있기 때문에 실천철학이 될 수 있다. 현상의 본성인 본질을 추구할 때 실천적인 현상학적 태도가 필요하게 되므로 현상학이 사회과학의 질적 방법의 연구로 사용되는 근거가 될 수 있다(이남인, 2006).

현상학적 질적 연구방법론은 다양하지만 크게 Giorgi의 기술적 현상학과 van Manen의 해석학적 현상학으로 나누어지는데(이기연, 2005), 본 연구에서는 기술적 현상학을 적용하여 지적 정애인의 시설 입소에 관한 어머니의 경험을 드러내고자 한다. 해석학적 현상학이 현상이 포함하고 있는 반성적이고 실존적인 차원을 드러내는 데 초점을 두고 있는 데 반해, Giorgi는 Husserl의 현상학을 계승하여 심리학적 현상학으로 해석하고 발전시키면서 사회과학의 질적 연구방법으로 정립하였다. 기술적 현상학에서는 인간 현상을 이해하는 데 있어 가장 중요한 것은 '기술'이며 해석은 2차적인 것으로 기술의 한 형태라고 보았다. 즉, 해석 이전에 '바로 거기에 있는 것'을 우선적으로 보자는 것이다.

Giorgi는 기술적 현상학을 따르고 있지만 해석의 유용성을 부정하지는 않았으며, 엄격한 과학의 자세는 실제로 무엇이 있는지 알고 난 후에 해석하는 것이라 생각한다는 점에서 Husserl과 같은 입장을 취하고 있다. 또한 기술적 현상학의 분석은 경험의 본질에 대한 구조를 드러내는 의미구조의 파악이 이루어져 질적 연구방법이 갖는 일반화 가능성의 한계를 극복할 수 있다. 그러므로 본 연구에서는 조금 더 과학적으로 엄격하게 지적장애인의 시설 입소에 관한 어머니의 경험을 있는 그대로 드러내어 기술하기 위하여 기술적 현상학적 접근을 하였다.

2. Giorgi의 현상학적 경험연구와 절차

Giorgi는 현상학적 연구절차 4단계를 다음과 같이 설명하고 있다(Giorgi, 1985). 이러한 절차는 참여자의 기술문을 철저히 연구함으로써 생생한 경험의 의미를 밝히는 데 관심을 모으는 것으로 직관, 분석, 기술을 통하여 각 단계를 거치면서 참여자의 의미를 확인, 기술하도록 돕는다.

첫째, 전체 인식하기이다. 전체적 스토리를 파악하고 결말을 확인한 후 다시 기술의 첫 부분으로 돌아가서 여러 번 읽는다.

둘째, 의미단위 구분하기이다. 의미의 단위를 만드는 과정이다. 기술의 첫 부분에서 시작하여 현상학적 환원을 하고 기술의 내용을 읽어내려 가다가 의미의 전환이 발생된다고 생각되는 곳에 밑줄을 긋고 표시한다. 문장이나 문단의 단위에 따른 문법적 표시가 아님을 주의하며 의미의 단위를 만들고, 이러한 작업 자체가 갖는 인위성의 문제는 연구자가 만든 의미단위를 타인에게 보여주고 그 객관성을 입증받음으로 해결된다. 이러한 의미단위의 수립 과정은 이론에 입각한 것이 아닌 순전히 실천적 과정이다.

셋째, 학문적 용어로 전환하기이다. 수립된 의미단위를 가장 적합한 학문적 표현으로 전환하는 과정이다. 1, 2단계에서는 발생되지 않았던 원자료의 적극적 변형이 일어나게 된다. 대상자들의 일상적 언어로 표현되어 있는 기술 내용을 연구자가 사용하고자 하는 학문 관련 용어로 전환시킨다. 이때 의미의 단위 가운데는 중요한 것과 중요하지 않은 단위가 있음을 인식하며 전환시켜야 하고 전환을 위한 방법으로는 자유변경의 방법이 활용된다.

넷째, 전환된 의미단위를 구조로 통합하기이다. 3단계에서 얻어진 연구대상자 경험의 본질을 구조화하는 작업이다. 자료를 일반적인 내용으로 표현한 뒤 다시 원자료로 돌아가 구조의 문맥에서 이를 다시 살펴본다. 이렇게 만들어진 구조는 양적방법에서 평균과 유사하게 '경향'을 나타내 주는 역할을 하게 된다. 이때 만들어지는 구조는 가변적이어서 3명의 대상자에게서 3개의 구조가 만들어질 수도 있고, 10명의 대상자에서 1개의 구조가 만들어질 수 있다.

Giorgi의 기술적 현상학의 4단계를 정리하여 그림으로 제시하면 다음의 <그림 1>과 같다.

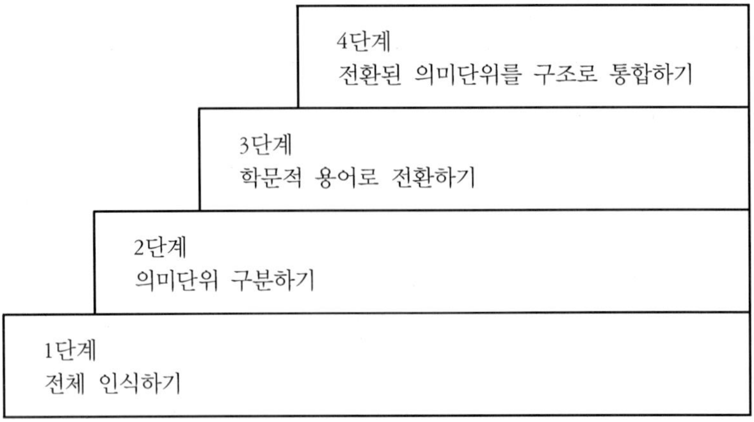

〈그림 1〉 Giorgi의 현상학적 연구 분석 4단계

3. 자료수집 및 분석방법

1) 연구참여자 선정 및 특성

(1) 연구참여자 선정 기준

본 연구의 참여자들은 '지적장애인 자녀를 시설에 입소시킨 어머니'로 본 연구에서는 다음과 같은 기준에 의해 연구참여자를 선정하였다. 첫째, 연구참여자는 자녀를 가정에서 양육하다가 10대 때 시설에 입소시킨 어머니로 한정하였다. 이는 선행자료 분석결과 지적장애인의 시설 입소 연령대가 10대 때 가장 많은 32.3%를 차지하고 있었던 점을 감안한 것이다(백은령 외, 2011). 둘째, 연구대상을 어머니로 정한 것은, 자녀의 양육은 가족의 전통적인 기본 기능이지만 대부분의 사회는 가족 구성원 중에서도 여성인 어머니에게 그 자녀의 양육에 관한 일차적인 책임을 부여하고 있고, 특히 한국 사회에서는 전통적으로 자녀의 양육은 가족 중에서도 어머니의 역할과 임무로써 부여되어 왔으며, 현대에 이르러서도 외형적으로는 핵가족화, 가족주기의 변화 등 산업사회에 맞는 유형으로 변화되고 있으나 아동의 양육과 건강관리는 기본적으로 여성의 역할로 인지되고 있으며, 또한 여성에 의해서 행해지고 있고(박은숙, 1996), 이러한 어머니가 지닌 자녀의 양육 책임은 장애자녀를 둔 어머니에게도 그대로 적용되고 있기 때문이다(박수경, 2006; 김진우, 2008). 셋째, 자녀를 시설에 입소시킨 후 2년 이상의 시기가 경과한 어머니들로 한정하였다. 이는 연구자가 직접 예비조사에서 연구참여자를 면담하는 가운데, 자녀의 시설 입소 후 2년 동안은 자녀와의 분리거주로 인해 심리적으로 많은 어려움을 겪다가 그 이후부터 점차 안정을 찾았다는 것을 근거로 한 것이다. 넷째, 연구참여자인 어머니는 자신의 의견과 감정, 느낌, 생각 등의 경험을 표현하는 데 문제가 없으며, 자신의 생활 경험의 의미를 정확하게 인식하고, 본 연구의 필요성에 공감하며, 연구자의 질문에 솔직하게 답변해줄 것에 동의한 경우로 정하였다. 이와 같은 선정기준을 토대로 총 11명을 연구참여자를 선정하였다.

(2) 연구참여자 모집

현상학적 연구에서 연구참여자는 연구되는 현상을 경험한 개인들이다(Creswell, 1998). 또한 연구에 대한 가장 좋은 정보를 제공해줄 수 있는 참여자를 찾아내어 선택하는 적절성이 요구된다(신경림, 2003).

따라서 본 연구를 위한 참여자들을 선정하기 위해서 연구주제의 특성상 자녀의 시설 입소 경험에 대해 깊이 있는 정보를 제공해줄 수 있는 연구참여자를 의도적으로 선정하는 것이 적절하기에 '의도적 표집'을 활용하였다.

이러한 연구참여자를 선정하기 위한 표집경로는 경남지역의 장애인거주시설 시설장들에게 연구의 목적과 과정에 대해 유선으로 연락하거나 협회 모임을 통해 직접 만나 연구 목적에 적합한 연구참여자를 추천해줄 것을 부탁하고 이들을 통해 연구참여자들을 소개받았다. 총 13곳 시설의 시설장들에게 추천을 부탁하였으나 연구참여자 선정 기준에 미달한 2개 시설과 연구에 참여할 어머니들이 없는 무연고자 중심의 시설 2곳, 그리고 본 연구의 연구참여자 추천에 소극적인 태도를 보였던 2곳의 시설에서는 추천을 받지 못하여, 나머지 7개 시설의 시설장들로부터 많게는 한 시설에서 3명의 연구참여자를 소개받았고 2개 시설에서는 각각 2명의 연구참여자들을, 그리고 나머지 4개 시설에서는 각각 1명씩의 연구참여자를 소개받아 최종적으로 11명의 어머니를 연구참여자로 선정하였다.

(3) 연구참여자 및 장애자녀의 특성

본 연구의 연구참여자는 시설에 입소한 지적장애인 자녀를 둔 어머니이다. 본 연구에 참여한 어머니들은 11명으로 평균 연령은 40대 중반부터 60대 중반으로 이 중 50대가 가장 많았다. 학력은 초졸부터 고졸까지로 나타나 비교적 높지 않았으며, 종교는 불교가 4명으로 가장 많았고 다음이 기독교 순이었다. 시설에 입소한 장애자녀의 일반적인 사항은 성별에서는 남자가 1명이 많았고, 장애 등급은 1급이 9명으로 가장 많았으며 중복장애와 관련해서는 11명 모두가 중복 장애를 가지고 있었다. 시설 관련 사항으로 입소기간은 최장 18년부터 3년까지로 나타났으며 10년 이하가 7명으로 가장 많았다. 이를 정리하면 다음의 <표 2>와 같다.

〈표 2〉 연구참여자와 장애자녀의 일반적 특성

구분		A	B	C	D	E	F	G	H	I	J	K
연구 참여 자 인적 관련 사항	연령	57	42	53	57	52	65	65	50	47	53	45
	학력	중졸	고졸	초졸	초중퇴	고졸	초졸	초졸	중졸	고졸	고졸	고졸
	종교	기독교	기독교	무교	불교	기독교	무교	불교	천교	무교	불교	불교

<표 2> 연구참여자와 장애자녀의 일반적 특성(계속)

구분		A	B	C	D	E	F	G	H	I	J	K
연구 참여 자 인적 관련 사항	월소득	100~150만 원	150~200만 원	60~80만 원	100~150만 원	100~150만 원	100~150만 원	80~100만 원	150~200만 원	100~150만 원	150~200만 원	100~150만 원
	자녀 수	2명	2명	3명	4명	2명	4명	4명	2명	2명	2명	2명
	결혼 연령	23세	25세	22세	25세	23세	27세	24세	25세	26세	23세	25세
	유배우	결혼 생활	결혼 생활	사별	결혼 생활	결혼 생활	결혼 생활	사별	결혼 생활	이혼	결혼 생활	결혼 생활
	장애 자녀 출산 연령	26세	26세	25세	28세	26세	29세	27세	27세	29세	25세	28세
장애 자녀 관련 사항	성별	여	남	남	여	남	남	여	남	여	남	여
	장애 등급	1급	1급	1급	1급	2급	1급	1급	1급	2급	1급	1급
	중복 장애	지체, 간질, 언어	지체, 간질, 언어	지체, 간질, 언어	간질, 언어	지체, 간질	간질, 언어	지체, 간질, 언어	간질, 언어	간질	자폐	지체, 시각
장애 자녀 시설 입소 관련 사항	입소 나이	19세	13세	18세	17세	18세	19세	20세	19세	15세	19세	12세
	입소 기간 (연도)	12년 (2001)	3년 (2010)	10년 (2003)	12년 (2001)	8년 (2005)	17년 (1996)	18년 (1995)	4년 (2009)	3년 (2010)	9년 (2004)	5년 (2008)
	교육 기관 경험	무	무	무	무	무	유	무	유	유	유	유

[연구참여자 A]

연구참여자 A는 가정 형편상 중학교를 졸업하고 오빠가 결혼해 살고 있던 곳에서 몇 곳을 옮겨 다니며 직장 생활을 하다가 친척의 중매로 설비 기술을 가진 현재의 남편과 만나 한 달 만인

23세의 어린 나이에 결혼하여 큰아들을 낳고 둘째 딸을 출산하였다.

그러나 난산으로 출산 시부터 울지도 먹지도 않아 죽을 줄만 알았던 아이가 살아났지만 병원에서 소두증이란 장애 진단을 받고 자녀의 장애로 인해 큰 충격과 아픔을 경험하게 되었다. 특히 연구참여자 A는 변변한 의료기구도 갖추지 못한 낙후된 농촌의 작은 읍내 병원에서 산부인과 전문의가 아닌 일반 의사가 아이를 받아 적절한 대처를 하지 못한 것에 대해 매우 마음 아프게 생각하고 있으며 대도시의 큰 병원의 전문 산부인과에서 아이를 낳지 못한 것이 지금까지 큰 후회로 남아 있다.

이후 연구참여자 A는 치료를 위해 온갖 노력을 다했고, 유명하다고 소문이 난 곳은 모두 데리고 다녀보았지만 자녀는 회복되지 않았고 연구참여자 A는 매일 장애자녀의 양육에 매여 자신의 삶을 잃고 매우 힘들고 어려운 삶을 살아가야만 하였다.

남편과 아들은 장애자녀와 동생을 좋아했지만 양육에는 무관심했고 이웃은 동정으로, 친척들은 자녀의 장애원인을 연구참여자 A의 잘못이라고 여겨 연구참여자 A는 양육에 의한 스트레스와 함께 이 외에 더한 스트레스를 받아 삶의 무게를 견디다 못해 몇 차례 가출을 생각하기도 했었지만 장애자녀와 남은 가족들을 생각하며 그러한 마음을 접었다.

자녀의 시설 입소 결정은 자신의 노화와 사후의 양육에 대한 염려 등의 문제 때문이었지만, 입소 결정을 하기까지 모정과 인권침해 소식을 통한 시설에 대한 불신으로 많은 고민과 갈등 끝에 여러 곳을 찾아다니다 집과 가까운 곳의 시설에 모진 마음을 먹고 입소시켰으나 모정으로 인해 2년여 동안 술을 마시지 않으면 잠을 잘 수 없는 힘든 삶을 살았다.

자녀의 시설 입소 후에는 자녀에 대한 그리움과 시설에서의 폭행에 대한 염려 가운데서 입소 결정 이유와 잘 있을 것이란 생각으로 마음을 비우며 일상에 적응해가고 있지만 죽은 이별보다 더 크고 아픈 산 이별의 고통 가운데 살아가고 있고, 시설에 입소해 있는 자녀를 생각하면 늘 마음이 아프고 가슴에 항상 응어리로 남아 있다. 그리고 연구참여자 A는 언젠가 돈을 벌면 자녀를 다시 집으로 데려와 함께 살아보고자 하는 생각을 가지고 살아가고 있다.

[연구참여자 B]

연구참여자 B는 야간 고등학교를 졸업 후 직장생활을 한 지 얼마 되지 않아 현재의 남편을 만나 25세에 결혼하여 남편의 고향으로 들어와 살다 쌍둥이를 임신하고 병원에서 출산하였지만 조산으로 큰 아이는 한 달 보름, 둘째 아이는 한 달간 인큐베이터에 있었다.

이후 병원으로부터 큰아이가 머리에 이상이 있는 것 같다는 이야기를 듣고 MRI 촬영을 통해 뇌성마비라는 장애 진단을 받은 후 아무 생각이 들지 않을 정도로 큰 충격을 받았으며, 큰 아이의 재활치료와 양육이 하루 일과가 되어버려 친구와 이웃과의 관계가 차츰 멀어지게 되었고, 장애를 가진 큰아이의 양육으로 인해 작은아이의 양육은 소홀해져 작은아이와의 관계도 소원해져만 갔다. 특별히 작은아이가 엄마인 연구참여자의 사랑을 동생에게 빼앗길 것을 염려하여 동생을 가지지 못하게 해 더 이상 아이를 가지지 않았다.

연구참여자 B는 가끔 남편으로부터 왜 이런 장애아이를 낳았느냐는 말에 상처를 받았으며 남편과 시부모는 장애자녀와 손자에 대해 측은한 마음은 가지고 있었으나 양육에는 큰 힘이 되어주지 못했고 도리어 장애자녀와 손자를 부담으로 생각하였다. 그리고 이웃들도 편견의 시각으로 바라보아 매우 힘든 삶을 살았고, 이로 인해 연구참여자 B는 가출과 이혼을 몇 차례 생각하기도 하였지만 이러한 힘든 삶을 지탱해나갈 수 있었던 단 하나의 이유는 바로 자신이 낳은 자녀 때문이었다.

시설 입소는 연구참여자 B가 자녀를 위해 해줄 수 있는 일이 재활치료를 위해 병원에 데리고 다니는 일 외에는 없고 가정의 경제활동과 효과적인 재활치료, 가정보다 나은 의·식·주에 대한 기대 때문이었다. 시설은 집과 가까운 곳에 있어 어려움 없이 입소시켰으나 시설 입소 결정 이후 모정과 자녀의 시설 적응에 대한 염려로 시설 입소에 대해 많은 갈등을 하였고, 입소시킨 후에는 시설적응이 염려되어 하루 만에 다시 집으로 데리고 갔다

재입소시킨 후 돌아가면서 서러움에 많은 눈물을 흘렸다.

이후 1년여 동안은 모정으로 인한 그리움으로 힘든 삶을 살았고 자녀를 시설에 입소시키고 자신은 편하게 생활하는 것 같아 시설에 있는 자녀에게 미안하고 죄스러운 마음 가운데 살아가고 있다. 연구참여자 B는 입소 자녀의 재활치료에 대한 염려와 기대 속에 자녀에 대한 그리움과 아픔을 가는 세월 속에 묻으며 살고 있다.

[연구참여자 C]

연구참여자 C는 지체장애와 안면장애를 가지고 태어났으며, 초등학교를 졸업하고 읍내의 한 식당에서 일하다가 함께 일하던 이의 소개로 사별한 지체장애를 가진 남편을 만나 22세에 결혼을 하였으나 남편의 건강이 점점 나빠져 남편의 고향으로 들어와 살다가 2남 1녀를 두게 되었다.

그러나 정상 분만한 첫아들이 성장하면서 지능이 낮은 것을 알게 되어 초등학교 때 병원을 찾아 지적장애 진단을 받고 한탄과 함께 마음에 큰 아픔을 경험했고 초등학교에 입학시킨 자녀가 학교를 보내놓으면 집으로 와버리는 일들이 잦은 가운데 장애자녀와 함께 할아버지 묘 앞에서 자살을 생각하기도 하였으나 남은 가족들을 생각하여 그렇게 할 수가 없었다.

연구참여자 C는 장애자녀 양육만으로도 힘든 삶이 아닐 수 없었으나 남편이 서서히 몸 전체가 마비되는 근육병이 발병하게 되어 병든 남편을 돌봐야 했고 이에 더하여 친척으로부터는 가난과 가족의 장애로 온갖 핍박을 받았고 이웃들로부터 개보다 못한 대우를 받아 연구참여자 C의 삶의 무게는 더하였으며 이러한 일들은 지금까지도 연구참여자 C의 마음에 응어리로 남아 있다.

시설 입소 결정 이유는 장애자녀의 장애 특성상 양육 어려움과 자신의 노화와 사후 다른 가족의 양육 부담에 대한 염려 때문이었으며, 남편과 자녀들은 별다른 말없이 연구참여자 C의 시설 입소 결정을 따랐다. 시설은 집과 가까이 있어 자녀가 잘 적응할 것 같아 입소시켰으나 입소시킨 후 많이 울었고 그리움과 죄책감으로 힘든 시간을 보냈다.

특히 명절이나 조상의 제사 날이면 다른 자녀들은 모두 집으로 오는데 집이 비좁기도 하고 장애자녀의 장애 특성으로 인한 염려로 집에 데리고 오지 못하는 경우에는 아픔의 눈물을 흘렸고 남편은 이와 같은 아내의 모습을 보며 '그렇게 울거면 차라리 집으로 데려오라'고 아픈 마음을 토로하기도 하였다. 그렇지만 집으로 데리고 온 경우에는 그나마 이러한 마음의 짐을 덜었다.

그러나 시설 입소 후 시설에서 잘해주고, 자녀가 교육을 통해 변화됨을 보고 감사하고 있으며 자녀의 시설 입소로 양육 부담은 사라졌다. 그러나 자녀가 욕구 표현의 어려움으로 인해 시설에서의 불이익에 대한 염려와 건강한 삶에 대한 바람을 가지고 있다. 연구참여자 C는 자신이 죽기 전에는 자녀로 인한 부담으로부터 벗어날 수 없다고 생각하고 있으며 자녀가 자신보다 먼저 세상을 떠났으면 하는 또 하나의 바람을 가지고 살아가고 있다.

[연구참여자 D]

연구참여자 D는 초등학교를 중퇴하고 25세의 나이에 부모의 중매로 현재의 남편을 만나 4명의 자녀를 두었다.

장애를 가진 자녀는 셋째 딸로 생후 21일경, 아이가 한쪽 다리를 펴지 못해 병원을 찾았고, 6세 때까지 대소변을 가리지 못하고 말을 하지 못해 다시 병원을 찾았으나 치료방법을 찾지 못했고, 15세 때 인근 대학병원에서 너무 늦었다는 말을 듣고 허무함과 자신의 무지와 그동안 자녀에 대한 무관심으로 인해 마음이 아팠다. 그 후 서울의 유명한 병원에서 치료를 받기도 했지만 자녀의 장애가 호전되지 않아 포기하고 집에서 자신이 양육해야겠다고 마음을 먹고 양육하게 되었다.

연구참여자 D는 셋째 딸아이를 낳기 전 남편이 강직성 척수염으로 몸이 굳어지는 병을 앓게 되어 남편 돌봄과 남편을 대신한 경제활동으로 가사와 장애자녀의 양육은 대부분 시어머니의 몫이었고 시어머니는 가는 세월 속에 장애를 가진 손녀를 양육하는 데 큰 어려움을 느끼고 있었다.

연구참여자 D는 남편을 대신해 낮에는 인근 공장에 나가 일하고 밤에는 남편과 장애자녀를 돌보며 양육해야 했기에 매일같이 힘들고 어려운 삶의 반복으로 자신의 삶을 잃고 사는 가운데, 넷째 아들이 잘 성장해오다 초등학교 때 간질 발작을 하고 간질 장애를 가지게 되어 더 큰 충격과 마음고생을 하게 되었으며 이로 인해 가출과 자살을 수차례 생각하였으나 몸이 불편한 남편과 자녀들을 두고 차마 그렇게 할 수가 없어 그러한 마음을 접고 살아왔다.

자녀가 성장하면서 중증의 장애로 인한 양육부담과 자주 집을 나가는 문제행동 그리고 경제적인 어려움 등이 자녀를 시설에 입소시킨 이유였다. 연구참여자 D는 자녀를 시설에 입소시키기 전 친척들의 시설 입소 권유에도 가까운 곳에 시설도 없고, 시설에 대한 부정적인 인식으로 보내지 않았으나, 현재는 자녀의 변화를 통해 조기에 입소시키지 못함이 후회가 되기도 한다.

입소는 여러 곳을 수소문하고 찾아다니다 행정 측에서 거주하고 있는 지역에 곧 시설이 건립된다고 해 기다렸다가 입소하게 되었으나, 시설 입소결정 후에도 많은 갈등 속에 입소과정에서 마음이 편하지 못했고, 입소시킨 후 1년여 동안 매일 눈물로 살아갔다. 자녀의 시설 입소로 생활의 여유를 찾아 마음이 편해지고, 시설이 가까워 자주 가볼 수 있고, 집에 데리고 올 수 있어 좋으나 부모의 무한 책임감과 시설에서 문제 행동과 성폭행 등에 대한 염려를 가지고 있으며 자주 전화나 방문 등으로 이러한 마음을 달래며 살아가고 있다.

[연구참여자 E]

연구참여자 E는 고등학교를 졸업하고 개인 회사에서 직장생활을 하다가 23세의 어린 나이에 친척의 중매로 현재의 남편을 만나 두 아들을 낳고, 남편과 열심히 가정을 일궈가며 자녀들과 함께 평범하지만 행복한 삶을 살아왔으나, 큰아이가 7세 때 집 앞에서 놀다 1톤 트럭에 교통사고를 당해 머리와 어깨를 크게 다쳐 의사로부터 마음의 준비를 하라는 얘기를 듣고 큰 충격을 받아야만 하였다.

연구참여자 E는 마지막 길일지 모른다는 생각에 의사에게 부탁하여 자녀와 함께 중환자실에 들어가 자신이 믿는 하나님께 아들을 살려 달라고 간절히 기도하는 가운데 기적처럼 아들이 살아나는 경험을 하였고, 13주 진단을 받고 의사로부터 지켜보자는 희망의 말에 재활치료에 최선을 다했지만 다친 자녀가 6, 7개월이 지나도 말을 못하고 과격한 행동을 보여 검사결과 지적장애 진단을 받고 신세 한탄과 함께 자신이 믿던 하나님을 원망했고 또 한 번의 큰 충격을 받게 되었다.

연구참여자 E는 난생 처음 장애인을 그것도 자녀로 접하고 갈수록 자녀의 난폭한 행동에 감당할 수 없는 큰 충격을 받고 당황할 수밖에 없었다. 여기에 남편의 사업마저 어렵게 되어 단칸방에서 작은아들과 함께 양육하면서 큰아들의 문제행동으로 작은아들이 마음에 큰 충격을 받아 정서적으로 불안한 면을 보일 때

마다 작은아들에게 미안하고 안타까운 마음을 가지고 살아가고 있다. 장애자녀의 성장과 함께 양육 부담의 가중(괴성, 이웃의 항의 등)으로 온 가족이 고통을 받아, 교통사고 때 차라리 죽었더라면 하는 생각과 남편이 출근하면 자녀와 자살을 생각하기도 하였으며 양육으로 개인의 삶은 없고, 작은아이와의 관계는 소원해져만 갔다.

연구참여자 E는 시설에 대한 불신 중에도 양육 부담과 작은아이 양육, 장애자녀의 성장을 위해 시설 입소를 결정하게 되었다. 그러나 인접 지역에 시설이 없고, 타 지역은 입소시켜주지 않아 결국 자신의 친정에 위치한 시설에 입소시키게 되었으나 시설 입소 절차는 까다롭고 힘들었다. 시설 입소 결정과 시설 입소 시에는 뼈를 깎는 아픔과 함께 생병이 날 정도였고, 입소시킨 후에도 자녀는 항상 마음 가운데 있고 전화벨만 울리면 시설에 있는 자녀로 인해 가슴이 두근거리고 죄의식으로 인해 마음이 불편한 가운데 있으며 길을 가다가도 누가 '엄마' 하고 부르면 자기도 모르게 뒤를 돌아보게 되고, 자녀를 잃어버린 엄마의 마음을 이해하게 되었고 감사를 배웠으며, 연구참여자 E는 시설에 있는 자녀와 다시 같이 살 날을 꿈꾸며 살아가고 있다.

[연구참여자 F]

연구참여자 F는 초등학교를 졸업하고 친척의 중매로 27세 때 남편을 만나 결혼하여 4명의 자녀를 두게 되었다.

연구참여자 F는 둘째 자녀가 생후 6개월 경 발작 증상으로 병원을 내원해 검진 결과 장애진단을 받고 말문이 막히고 자신의 자녀가 장애를 가지게 된 것에 원망의 마음과 함께 큰 아픔을 경험하였다.

연구참여자 F는 장애자녀가 성장하면서 스스로 아무것도 할 수 없고, 매일 집을 나가고, 옷을 다 벗어버리는 장애 특성 때문에 양육에 많은 어려움이 있었으며, 병원 치료에도 호전되지 않아 무당을 불러 굿까지 해보았으나 실망만 하게 되었다.

특히 문제행동 중 집을 나가버리는 것 때문에 잠시도 집을 비울 수 없는 상황에서 매인 삶을 살아야 했기에 자신의 삶을 잃어버리게 되었고, 한 번은 자녀가 집을 나가, 온 동네를 다 찾아다녀도 찾지 못해 자녀에 대한 염려가 밀물처럼 밀려왔고 잃어버린 아이를 찾아 동네를 벗어나 헤매다 자전거 하이킹을 하던 사람을 만나 극적으로 자녀를 찾게 된 것은 연구참여자 F가 평생 잊을 수 없는 기억으로 남아 있다.

이로 인해 양육 과정에서 장애자녀와 함께 죽음을 생각한 적이 여러 차례 있었지만 그때마다 바른 길이 아님을 스스로에게 일깨워주고 자녀의 회복에 대한 기대 속에 살아왔다.

연구참여자 F는 자녀를 양육하는 과정에서 특수학교에 입학시키게 되었는데 중증의 장애를 이유로 수차례 학교를 찾아가야 했기에 그 과정도 쉽지 않았고 입학 후에는 특수반 선생님으로부터 마음에 큰 상처를 받아 그 상처의 흔적이 남아 있지만 지금은 모든 것을 용서하였다.

자녀의 시설 입소 결정은 장애자녀가 특수학교 졸업 후 집으로 돌아오게 되자 이전의 양육 부담 때문이었으며, 마음을 크게 먹고 결혼시킨다는 생각으로 마음을 달래며 입소시켰고 시설 입소는 집과 가까운 시설에 빈자리가 있어 어렵지 않게 입소하게 되었다.

자녀의 시설 입소 후 연구참여자 F는 양육 부담은 없어졌지만 죄의식과 불편한 마음 가운데 있으며 자녀가 보고 싶으면 사진을 꺼내놓고 보거나 음악을 듣기도 하며 그리움에 대한 마음을 달래고 힘들게 살아가고 있다.

[연구참여자 G]

연구참여자 G는 초등학교를 졸업하고 24세에 친척의 중매로 남편을 만나 4명의 자녀를 출산하였는데, 둘째 딸 아이가 출산 후 6개월경 발작과 3세경 홍역 후, 몇 군데 병원을 거쳐 장애진단을 받고 큰 충격을 받았다. 그러나 겨우 밥을 먹고 살 정도의 경제적인 어려움으로 치료를 위해 모든 노력을 다하지 못하여 지금까지 연구참여자 G의 마음에 큰 아픔과 상처로 남아 있었다.

연구참여자 G의 장애자녀는 말을 알아들을 수 있고 어렵게라도 자신의 의사를 표현할 수 있어 특별히 연구참여자 G와는 친밀한 관계였다. 그러나 스스로 아무것도 할 수 없는 중증의 장애로 인해 연구참여자 G는 양육으로 인해 매인 삶을 살아야만 했으며, 특히 남편이 가정에 충실하지 못하여 경제적으로 많은 어려움이 있었고, 이로 인해 연구참여자 G와 남편의 관계는 원만하지 못하였다.

남편은 장애자녀에 대해 안타까운 마음을 가지고 있었지만 양육에 큰 도움은 되지 못하였고, 다른 자녀들도 그렇게 큰 힘이 되어주지 못하였다. 장애자녀로 인해 주눅이 든 삶을 살았으며, 주위의 사람들의 시설 입소 권유에도 시설에 대한 불신과 모정으로 보내지 않았으나 자신의 노화와 남편의 건강 악화, 다른 자녀들의 장래를 위해 시설 입소를 결정하게 되었다.

연구참여자 G는 장애자녀의 시설 입소 거부에 부딪치게 되었지만, 선 시설 입소자녀를 둔 부모로부터 시설 입소 후 자신의 자녀가 재활치료 등을 통해 많이 회복되었다는 말을 듣고 장애자녀가 스스로 입소를 결정하였다. 시설 입소는 선 입소 보호자로부터 정보를 얻어 행정기관에 신청을 하여 입소 통보를 받았다. 그러나 최종 입소 결정 갈등으로 입소 날짜가 임박해서야 시설에 입소시켰고, 그 과정은 말로는 표현할 수 없으며 입소 후의 삶은 사는 게 사는 게 아니었다.

연구참여자 G는 시설에 입소해 있는 자녀로 인해 늘 마음이 아프고 신경 쓰이는 삶을 살고 있고, 자신이 죽어야만 이 모든 것이 끝날 것이라 생각하고 있다. 그리고 실비입소금액으로 어려움을 겪고 있으며, 입소 후 양육 부담에서는 해방된 삶을 살고 있으나 죄책감과 보내야만 하는 이유의 양가감정 속에서 살아가고 있다.

그리고 연구참여자 G는 장애자녀를 둔 어머니로서 좋지 않은 말을 하지 않게 되고, 같은 장애인들을 보면 그들의 마음을 이해하게 되었으며 항상 약한 사람들의 편에 서게 되었다.

[연구참여자 H]

연구참여자 H는 중학교를 졸업하고 25세의 결혼 전까지 공장에 취직하여 직장생활을 하였으며 현재의 남편은 공장에 같이 다니던 아주머니의 중매로 만나 결혼하게 되었다.

연구참여자 H는 결혼 후 누구나와 같이 행복한 가정을 꿈꾸었지만 현실은 그렇지 못했다. 불행은 큰아이의 장애로부터 시작되었다. 잘 자라던 큰아이가 생후 22개월쯤에 이름을 불러도 뒤를 돌아보지 않아 여러 가지 나타나는 행동을 메모해서 병원을 찾았다가 장애진단을 받게 되었고, 그때는 기가 빠져나가는 것 같은 기분이었으며, '무슨 죄를 지어서?', '팔자가 왜 이렇게 꼬이나?', '지독하게 복 없는 사람'과 같은 원망의 마음이 들었다. 그리고 현재의 남편을 만나지 않았다면 자신의 인생이 달라지지 않았을까 하는 생각을 할 때가 많으나 인생은 운명이라고 생각하며 그러한 생각을 접고 살아왔다.

연구참여자 H는 4세 때부터 자녀의 조기교육과 언어치료 등에 최선을 다했으나 회복되지 않았고 이를 위해 추가적으로 들어가는 비용 때문에 경제적으로 많은 어려움과 스트레스를 받게 되었다. 특히 동생의 양육도 생각하지 않을 수 없었기에 두 자녀의 양육 부담은 더해만 갔다.

그리고 이러한 스트레스와 함께 연구참여자 G는 자녀의 문제행동과 이로 인한 이웃 간의 갈등으로 우울증을 경험하는 힘겨운 삶을 살았으며 자녀의 양육은 주로 연구참여자의 몫이었는데, 아빠와 동생은 경제활동과 학업 등으로 많은 관심을 가지지 못했기 때문이었다.

연구참여자 H는 체력적인 문제로 양육 어려움과 장애자녀의 교육을 위해 시설에 대한 불신 가운데서도 자녀를 시설에 입소시키게 되었으며, 타 지역이라 입소 절차에 어려움이 많았고 행정 및 시설에서 요구하는 입소 관련 증빙 서류들이 많아 번거로웠으며 시설 선택은 아빠의 고향이라 좋고 편해서였다.

입소시킨 후 집으로 갈 때는 많이 심란했고, 그날 저녁에는 부부가 잠을 이루지 못했으며, 심란한 마음을 다스리기 위해 집안일을 해도 되지 않았다. 자녀의 입소 후 몸은 양육 부담에서 자유를 얻었으나 같이 살지 못하는 것에 대한 죄의식 속에 살고 있다. 그리고 집에 있으면 무슨 일이든 일에 집중하고 좋은 쪽으로 생각하며 모든 가족을 위한 최선의 선택이었음을 상기하며 살아가고 있고, 연구참여자 H는 자신의 건강이 회복되면 아빠와 함께 시골에 집을 짓고 자녀와 같이 살기를 희망하고 있다.

[연구참여자 I]

연구참여자 I는 도시에서 태어났으며, 고등학교 졸업 후 공장에 취직하여 일해 오다 알고 지낸 언니를 통해 현재의 남편을 소개받고 26세에 결혼하여 29세에 쌍둥이를 출산했으나 작은 딸아이가 미숙아로 태어나 생후 4일째 청색증이 나타났고 대학병원에서 저산소증으로 인한 뇌손상 진단을 받은 후 5세 때 장애진단을 받고 원망과 스스로에 대한 한탄으로 큰 충격에 빠졌다.

연구참여자 I는 의술이 발달했기에 자녀가 회복될 수 있다는 희망을 가지고 치료에 최선을 다했으나 시간이 지나도 회복되지 않는 자녀의 장애를 보면서 자녀의 장애를 인정할 수밖에 없었다.

이러한 가운데 연구참여자 I는 남편과 성격차이로 이혼을 하게 되었고, 이로 인해 연구참여자 I가 전적으로 자녀를 양육하는 가운데 수급권자로 생계를 이어가기 위해 몸을 아끼지 않고 일하다 병까지 얻게 되어 장애자녀 양육이 버거운 짐으로, 때로는 창피함으로 느껴져 삶을 포기하고자 하는 유혹도 있었지만 아이들을 생각하면 삶의 끈을 놓을 수 없었다.

그리고 한때, 돈을 빌려 작은 사업을 했으나 이마저도 잘 되지 않아 빚을 지게 되었고 오빠인 큰아이가 이러한 상황 가운데 심리적으로 불안해하고 학업에 집중을 못하는 것을 보며 안타까운 마음을 경험하였고 장애를 가진 동생을 부끄러워하는 모습에서 또 다른 아픔을 경험하기도 하였다.

그리고 이웃은 강 건너 불구경하듯 하였고 차별의 시선을 느껴야만 하였는데 이는 가난과 이혼, 자녀의 장애 등이 그 이유라고 생각하고 있다. 이로 인해 연구참여자 I는 경제적으로 어렵고 대인관계도 좋지 않은 가운데 이리저리 뒤엉킨 삶을 살아야만 했었다.

자녀의 시설 입소는 교육, 여자아이이기 때문에 성폭행 등으로 인한 양육 부담 때문이었다. 그러나 오빠와 이혼한 전 남편이 자녀의 시설 입소를 반대하여 자녀를 시설에 입소시켜야만 하는 이유를 가족들에게 설명하고 이해시켜 가족들의 동의하에 자녀를 시설에 입소시키게 되었다.

자녀가 시설에 입소한 후에는 매우 슬펐으며, 자녀도 시설에 적응을 못해 많이 힘들어하여 괴로움은 더했다. 시설 선택은 무엇보다 거리가 가깝고 시설 이미지가 좋아서였다. 입소 후에는 안심되고 양육의 짐을 덜게 된 것이 큰 변화였으며, 건강과 인간관계 등이 회복되었으나 경제적 어려움으로 조기 교육을 시켜주지 못해 후회가 되는 삶을 살고 있고, 자녀의 장애가 좀 나아졌으면 하는 바람을 가지고 있다.

[연구참여자 J]

연구참여자 J는 고등학교를 졸업하고 23세에 결혼하기 전까지는 친척 오빠의 사업체에서 일하면서 결혼은 사업가와 해서 멋지게 사는 꿈을 가지고 있었다. 그러나 중매로 만난 남편은 성장 배경부터 자신과 달라 서로 맞지 않는 부분이 많아 이혼도 생각했으나 장애자녀로 인해 그러한 마음을 접었었다.

연구참여자 J는 결혼 후 바로 임신하여 큰아들을 출산했는데, 생후 1년 되던 때에 이웃집 아이에 비해 부족함을 느껴 병원을 찾았다 장애진단으로 인해 충격을 받았고, 회복을 기대하고 조기교육을 위해 이사를 하면서까지 가게와 학교를 오가며 힘겹게 최선의 노력을 다했지만 기대와 반대로 문제행동(괴성, 물기)이 더해만 가게 되었다.

특히 조기교육 프로그램을 마치고 집으로 오면 여동생이 장애를 가진 오빠와 줄로 손목을 같이 묶고 학교 놀이터에서 놀고 있는 모습을 보면서 많은 눈물을 흘리기도 하였다. 그리고 연구참여자 J는 비장애인 자녀가 성장하면서 타 지역으로 나가게 되어 장애자녀가 학교가 끝나면 남편의 사업을 돕기 위해 가게로 자녀를 데리고 와 돌봐야 했는데 손님을 맞는 동안 자녀가 가게 밖으로 나가 잃어버리거나 문제행동을 하는 경우 손님들이 모두 가버리는 경험을 자주하여 양육에 많은 어려움을 겪었다.

특히 연구참여자 J가 잊지 못하는 한 가지 일은 자녀의 문제행동으로 가게에 데리고 갈 수 없어 집에 혼자 두고 갔다가 점심때가 되어 집에 들렀을 때, 온 집안을 난장판으로 만들어놓은 것을 보고 어찌할 수 없는 상황 가운데서 많은 눈물을 흘려야만 하였던 것이다. 이처럼 연구참여자 J는 남편의 사업 지원과 자녀의 양육 부담으로 힘들고 어려운 삶을 살았었고 특수학교도 자녀의 문제행동으로 중도에 포기해야만 하는 아픔을 겪기도 하였다.

그리고 연구참여자 J는 아파트에 거주하였는데 장애자녀의 문제행동으로 이웃으로부터 많은 항의를 받아 불안한 삶을 살았고 이로 인해 이웃과의 관계도 매우 좋지 않았다. 결국 경제활동과 양육 부담으로 입소를 결정했으나 중증장애로 인한 입소 거부나 입소할 자리에 대해 염려를 했지만, 가까운 곳에 시설이 있어 어렵지 않게 입소시키게 되었다.

입소시킨 후 3개월간은 삶의 의미와 이유를 잃어버려 가게 문을 닫고 언니 집 등을 미친 듯이 다녔고, 그 후에는 집 밖을 나가지 않고 며칠을 굶고 아파트 벽에 꼼짝도 하지 않고 가만히 앉아 있기만 하였다. 입소시킨 후 초기에는 2주에 한 번 꼴로 시설을 찾았고, 많은 눈물로 자동차 운전이 어려울 정도였고 집으로 같이 오려는 자녀를 시설에 두고 오면서 저려오는 아픈 마음을 경험하였다. 그러나 지금은 자녀의 변화에 감사하고, 기회가 되면 가정으로 데리고 와 조용한 시골에 집을 짓고 온 가족이 함께 살아가고자 하는 계획을 가지고 살아가고 있다.

[연구참여자 K]

연구참여자 K는 고등학교를 졸업하고 개인사업장에서 근무하다 그곳에서 일하는 남편과 만나 25세에 결혼하게 되었고, 결혼 3년 후 첫아이를 출산하였는데, 생후 1년이 지나도 기거나 걷지를 못해 병원에서 장애진단을 받고 말할 수 없이 마음이 아팠고, 이로 인해 남편과의 사이도 나빠지게 되었다.

특별히 장애자녀가 홍역을 치르면서 왼쪽 눈의 시력이 좋지 않음을 발견하고 인근의 큰 병원에서 수술을 받았으나 도리어 완전히 실명을 하게 되어 연구참여자 K는 그것으로 인해 자녀의 장애가 더 심해지는 결과를 가져온 것이 아니었나 생각하여 그때 수술을 시켜준 것에 대해 크게 후회하고 있고 이 일로 인해 가족들은 자녀의 장애를 연구참여자 K의 잘못으로 돌려 연구참여자 K는 이로 인해 마음고생도 많이 했었고 장애자녀가 성장하면서 대소변을 가리지 못해 양육이 힘들고 자유 없는 삶 가운데 매우 힘들고 어려운 삶을 살아가야만 하였다.

특히 편견으로 가득한 사람들의 시선에 자녀와 함께 하는 외출에 부담을 느꼈고, 자녀가 초등학교 특수반에 입학한 후 학교에 들렀다가 친구들이 자녀를 차별하는 것을 보고 마음에 큰 상처를 받기도 하였다. 연구참여자 K는 이와 같은 어려운 결혼생활 가운데 이혼을 생각하기도 했고, 실제 집을 나간 적이 있으나 자녀의 울음소리가 귓전에 맴돌아 다시 집으로 돌아오게 되었다.

자녀의 시설 입소 결정 이유는 양육 부담과 시부모 봉양, 장애 자녀의 인간관계 형성 등으로 아빠와 의논 후 결정하였다. 시설 은 학교 선생님의 소개로 가까운 곳에 시설이 있어 어렵지 않았 으며, 입소시킨 시설의 선택 이유는 이미지가 좋고 무엇보다 집 과 가까워서였다.

연구참여자 K는 자녀의 시설 입소를 준비하면서 이렇게 헤어 져 살아가야만 하는지? 누구의 잘못 때문인지? 생각하며 하염없 이 눈물을 흘렸으며 입소시키고 집에 와 자녀의 빈자리로 인하 여 많이 허전한 기분과 함께 생활했을 때 잘해주지 못한 일들이 생각나 미안한 마음에 또 한 번 많은 눈물을 흘렸고 시설에 적응 을 잘 못해 다른 거주인들에게 피해를 주지 않을까 하는 염려를 하기도 하였으나, 입소 후 자유로워진 삶과 경제 활동을 할 수 있는 변화와 인간관계의 회복을 경험하고 있다. 그러나 시설에 자주 찾아가지 못할 상황에 놓일 때가 많아 미안한 마음과 함께 자신이 누리고 있는 변화된 삶에 있어 시설에 거주하고 있는 자 녀에 대한 죄의식 가운데 가는 세월에 이러한 마음을 묻으며 살 아가고 있다.

2) 자료수집 기간과 방법

현상학적 연구에 있어 자료는 주로 연구참여자가 경험한 현상 을 생생하고 상세하게 기술하는 인터뷰를 통해 얻어진다. 현상학적 입장에서 연구자는 인터뷰 진행자로서 직접 현상을 경험한 연구참여자의 생활세계에 주목하여 생생한 경험적 기술이 가능하도록 개방적 질문을 사용하고 정확한 묘사를 유도하며 연구자 자신의 사전지식을 배제하려는 노력을 기울여야 한다. 또한 경험의 묘사에서 변함없는 중심의미에 대한 탐색과정이 현상학적 심층인터뷰의 기본원칙이라 할 수 있다(서미경, 2009).

본 연구는 '지적장애인의 시설 입소에 관한 어머니의 경험'을 심층적으로 이해하기 위해 1차 예비조사로 2012년 8월에 시설에 자녀를 입소시킨 2명의 어머니를 만나 인터뷰를 진행하였다. 자녀의 시설 입소에 관한 어머니의 경험이 일상적 생활세계에서 어떤 의미와 내용을 갖는지에 대해 연구자가 갖고 있는 자연적 태도, 즉 선이해를 없애고 '자녀의 시설 입소에 관한 어머니의 경험' 자체에 대한 현상학적 이해에 몰입하기 위해 연구자의 태도를 반성하는 계기로 삼았다.

그리고 이들과의 인터뷰를 토대로 연구참여자의 선정기준을 보다 구체적으로 정할 수 있었다. 앞에서 언급한 대로 연구참여자 선정 기준에 따라 시설장들을 통해 13명의 어머니들을 추천받았으나 연구자가 직접 전화하여 연구의 목적과 내용을 전달하자 이 중 2명은 연구참여자 선정 기준에 미달하여 제외하고 나머지 11명은 연구참여에 동의하여 최종적으로 연구참여자로 선정하였으며, 연구자가 장애인 당사자이면서 거주시설의 장으로 있어 자연스럽게 라포가 형성되어 인터뷰가 종료될 때까지 모든 연구참여자들은 인터뷰에 적극성을 보여주었다.

인터뷰는 2013년 4월부터 8월까지 진행되었고 인터뷰 횟수는 전화 인터뷰를 포함하여 모두 2회로 끝났으며, 인터뷰 시간은 각각 1시간 30분~2시간 정도 소요되었다. 인터뷰 내용은 모든 참여자의 동의하에 녹취하였으며, 인터뷰 장소는 연구참여자들의 편의를 고려하여 자택이나 개인 사업장 그리고 시설장들의 배려로 시설 내 상담실 등에서 이루어졌다.

그리고 연구참여자들과 지속적인 교류를 통해 인터뷰가 종료된 후에도 전화를 통해 자료를 확인하고 보완하며 2013년 9월까지 자료의 충분성을 확보하기 위하여 노력하였다. 이러한 노력은 연구참여자당 평균 5회 이상 이루어졌으며 많게는 10회 적게는 3회로 마무리되었다.

그러나 연구참여자 I의 경우 연구자와 먼 거리에 있고 바쁜 일상으로 최초에 연구 동의를 얻지 못해 1개월간 전화 인터뷰를 5회까지 진행하다가 일정을 잡아 직접 인터뷰를 하고 면접 내용을 녹취하였다.

본 연구의 자료수집은 연구참여자와 만나 연구의 목적과 취지를 설명하고, 서면 동의를 받은 후 심층면접을 통해 이루어졌다. 비구조화된 개방형 질문을 바탕으로 연구자가 주제를 꺼내며 개방적 질문을 하면 참여자가 이에 대해 이야기하고, 연구자가 이를 더욱 구체화시키는 질문을 해나가는 방식으로 진행하였으며, 녹취록으로 작성된 심층인터뷰 자료는 A4 용지로 10포인트 글

씨체로 150매에 이르는 분량으로 본 연구의 기본 자료로 활용되었다. 질적연구에서는 자료원, 방법, 연구자의 다원화를 중요시하는데(서미경, 2009), 특히 자료수집 과정에서는 다양한 연구관련 자료들을 활용하였다. 먼저 연구참여자의 인적 특성, 인상과 느낌, 비언어적 표현과 태도에 관한 관찰 내용을 기록한 현장일지와 연구자의 단상과 분석에 필요한 자료를 정리한 연구노트를 작성하였다.

3) 자료분석 방법

본 연구의 자료 분석은 Giorgi가 제시한 '기술적 현상학'에서 따라야 하는 4가지의 구체적 단계에 의하여 이루어졌다(Giorgi, 1985). 첫 번째 단계는 '전체의 인식'의 단계로 전체 기술에 대한 일반적인 인식을 얻기 위해서 전체 기술 내용을 반복해서 꼼꼼히 읽음으로써 자료의 전체적인 의미를 획득하였으며, 기술의 모호한 부분에 대해서는 녹음자료를 다시 들으며 내용을 확인하거나 참여자에게 되물어보았다. 텍스트를 읽은 후 파악된 일반적인 인식은 어떤 방법으로든 질문되거나 명시되지 않지만 의미단위의 구성을 위한 토대로서의 역할을 한다.

두 번째 단계는 연구자의 학문적 관점에서 현상에 대한 '의미단위를 구분'하는 것이다. 의미단위는 사고를 시작하고 끝내는 단위, 즉 연구참여자의 경험을 표현한 의미단위를 사선(/)을 그으며 구분하였고, 11명의 연구참여자의 인터뷰에서 227개의 의미단위가 도출되었다.

세 번째 단계는 '학문적 용어로의 전환'하는 것으로 앞의 단계에서 수립된 의미단위를 '반성'과 '자유변경법'을 사용하여 가장 적합한 학문적 용어로 표현하는 것이다. 이미 확립되고 합의된 학문적 용어가 떠오르지 않을 때에는 상식적으로 공감할 수 있는 단어를 사용하였다. 이는 현상학적 관점에 의한 상식의 언어를 사용하는 것이기 때문이다. 2단계에서 도출된 의미단위에서 중복되거나 구조를 형성하는 데 벗어났다고 판단되는 의미단위들을 제외하고 의미단위를 분석에 사용하였다.

네 번째 마지막 단계는 '의미단위들을 경험의 구조라고 하는 일관성 있는 진술로 통합하는 것'이다. 즉, '대상자 행동의 구조'를 찾는 것이 목적이다. 구조는 여러 개의 의미가 모여진 것으로 그 안에 여러 구성요소 간의 상관관계를 포함하고 있다. 구성요소들을 시간적, 인과적, 부정적, 긍정적 속성에 따라 나열하고 비교하여 구성요소 간의 관계와 공통된 속성들을 재배치하였다. 위의 4단계를 통하여 지적장애인의 시설 입소에 관한 어머니의 경험의 본질은 8개의 구성요소와 17개의 하위구성요소들로 이루어져 있다.

4) 연구참여자에 대한 윤리적 고려

질적연구에 있어서 참여자들의 경험적 진술을 통해 참여자의 일상생활이 매우 총체적이고 자세하게 기술되기 때문에 양적연구와 비교하였을 때, 연구참여자에 대한 섬세한 윤리적 고려가 더욱 중요하다. 따라서 연구를 진행하기에 앞서 연구참여자의 프라이버시를 보호하기 위해 먼저 연구에 대한 정보들을 제공한 후 연구참여에 대한 동의를 얻어야 한다(유태균, 2001).

이에 본 연구는 참여자의 윤리적 측면을 최대한 보호하기 위하여 참여자와의 본격적인 인터뷰 시작 전에 연구자는 연구참여자들에게 연구자의 신분을 밝히고 이 연구는 박사학위 논문에 쓰일 것과 연구의 목적, 연구과정, 연구방법 등에 대한 정보를 제공하고 서면으로 동의서를 받았다. 내용에는 연구의 목적과 내용, 연구참여자에 대한 익명성과 비밀이 보장된다는 것, 면담내용을 동의하에 녹음한다는 것, 인터뷰 자료는 녹취로 문서 기록화된다는 것, 인터뷰 내용은 연구목적으로만 사용된다는 것, 인터뷰 도중 중지하고 싶을 때는 언제든지 끝낼 수 있다는 것과 연구수행 후에는 자료가 소멸될 것이라는 점에 대해 충분히 전달하였다. 이에 동의한 11명의 연구참여자들은 서면으로 동의하고 연구참여에 대한 적극성을 보여주었다.

이외에도 연구참여자의 경험을 기술할 때 구체적인 지명이나 날짜 등을 가능한 밝히지 않았다. 그리고 인터뷰 중 나타난 가족,

자신의 신분을 익명으로 처리하였다.

또한 인터뷰를 진행하면서 연구자는 연구참여자의 참여의욕을 높이고 참여자의 시간에 대한 보상으로서 참여자 개인을 위한 것이거나 가족들과 나눌 수 있는 빵과 음료, 천연비누 등을 준비함으로 연구참여에 대한 감사의 마음을 전하였다.

결과적으로 인터뷰에 응한 11명의 연구참여자들은 중도에 탈락자 없이 끝까지 연구에 참여해주었다. 인터뷰 장소나 시간 또한 연구참여자들이 가장 편안한 장소와 시간을 결정할 수 있도록 하는 가운데 진행이 되었다.

5) 연구의 평가

(1) 연구자의 준비와 선이해

본 연구는 지적장애인의 시설 입소에 관한 어머니의 경험을 이해하기 위해 설계된 연구이다. 본 연구자는 지적장애인거주시설에서 현재까지 15년 동안 시설장으로 근무해오고 있고, 소규모 거주시설인 공동생활가정에서도 지난 3년간 시설장으로 근무하면서 지적장애인과 그 가족, 특히 어머니들과 면담을 하고 있다. 이러한 경험은 질적연구를 수행하는 데 있어 연구참여자와 신뢰관계를 형성하고, 심층면담을 하는 데 있어 유용하였다. 특히 거주시설에서의 근무경력은 연구참여자와 만났을 때 공통관심사로서 장애자녀에 대한 양육과 치료와 자립에 대한 이야기를 자연스럽게 이끌어내며 공감대를 형성하여 보다 원만하게 신뢰관계를 형성할 수 있었으며, 어머니들의 경험의 의미를 밝히는 데 도움이 되었다.

질적 연구를 위한 준비로 먼저 본 연구자는 박사과정에서 한 학기 동안 질적 연구방법론 과목을 수강하였다. 또한 박사 수료 이후에 대구대학교 지역사회정신건강연구소에서 주관한 '질적 연구 심화과정 워크숍'에 2차례에 걸쳐 참석하였고, 방학기간에 대학원 사회복지학과에서 개설한 사회복지 조사연구방법에서 양적연구와 질적연구 특강에 참석하였다. 그 외에도 박사과정부터 현상학과 질적연구와 관련된 서적들과 관련 논문들을 읽으며 질적연구에 대한 지식을 향상시키고자 노력하였다. 또한 연구과정에서 질적연구 경험이 있는 교수로부터 질적연구에 대한 지도를 받을 수 있었다.

그리고 질적연구에서 연구자는 연구 도구의 역할을 한다(홍현미라 외, 2008). 이는 질적연구에서 연구자의 역할이 중요하다는 것을 말하는 것으로 연구자의 자질이나 역량 등이 질적연구의 성패에 영향을 미치는 요인이 된다. 이러한 측면에서 현상학적 연구에 있어 연구자의 선이해나 편견은 반드시 점검되어야 한다. 이에 질적연구에서 연구자의 선경험, 가치, 신념 등이 연구과정에 영향을 미치므로 이에 대해 알고 있어야 한다. 그러므로 연구자는 자신의 개인적인 가치관이나 신념, 선입견에 대해 미리 확인하고, 또한 자신의 선경험들이 '괄호치기'를 통해 먼저 최대한 연구참여자의 경험 그대로를 이해하도록 노력해야 하며, 또한 해당 연구에 대한 기존 연구자의 가치와 기대들 간의 차이를 좁히는 것이 아닌, 연구자의 가치가 연구의 과정과 결론에 어떻게 영향을 미치는지 이해하여 연구자의 비판적인 주관성을 탐구의 과정으로 적극 활용할 수 있어야 한다(김귀분 외, 2005).

본 연구자가 장애인거주시설에서 일한 경험과 관련하여 지적장애인의 시설 입소에 관한 어머니와 관련된 선이해는 다음과 같다.

- 자녀가 장애가 있다는 것을 알게 되었을 때 마음에 큰 충격을 받았을 것이다.
- 장애인 자녀를 두게 되어 자신의 인생이 힘들어졌다고 느낄 것이다.
- 장애자녀가 없었다면 지금보다 더 나은 삶을 살 수 있었을 것이라고 생각할 것이다.
- 장애자녀로 인해 자신의 인생 속에서 포기해야만 했던 부분이 반드시 존재할 것이다.
- 장애인복지서비스 이용에 대한 의지가 높을 것이다.
- 장애자녀 양육에 많은 심리적 부담감을 갖고 있었을 것이다.
- 주변의 지지체계가 빈약하고, 가정 외부와의 교류는 활발히 이루어지지 않았을 것이다.
- 가족들은 삶의 고단함에 지쳤을 것이다.

- 타인과의 관계에서 적극적이지 않고 내성적, 소극적 성향이 강할 것이다.
- 자녀의 미래를 매우 염려하였을 것이다.
- 장애자녀로 늘 마음이 편하지 않았을 것이다.
- 비장애자녀의 양육에 소홀했을 것이다.
- 입소 과정에서 많은 고민을 하였을 것이다.
- 입소 후에 그리움과 죄책감에 마음이 많이 힘들었을 것이다.
- 남편과 가족들을 많이 원망했을 것이다.
- 시설에 입소시킨 후 자녀의 시설 거주에 대해 염려하였을 것이다.
- 입소시킨 후 자녀를 잊으려 했을 것이다.

따라서 본 연구자는 개인적인 가치관이나 선입견을 숙지하고 이에 대한 괄호치기를 위해 연구자로서 이와 같은 관심사와 개인적인 이슈들을 연구과정에 끊임없이 질문하여 개인적인 가치관과 선입견을 배제하기 위하여 노력하였다.

(2) 연구과정과 결과에 대한 평가

질적연구에 있어서는 연구의 신뢰성 즉 연구전반의 과정과 결과에서 신뢰도와 타당도를 확보하는 것이 중요하며, 신뢰도는 학문적 엄격성을 통해서 얻을 수 있다(최종혁, 2009). Lincoln와 Guba(1985)는 구성주의적 접근방식에 의해 양적연구에서 사용되는 내적 타당성·외적 타당성·신뢰성·객관성에 사용하는 개념으로, 질적연구에 있어서 신빙성·전환가능성·신뢰성·확증성을 제시하고 있다.

첫째, 신빙성은 양적연구의 내적 타당도에 해당하며, 연구결과가 보고자 했던 것을 실제로 정확히 측정하였는가에 관한 것이다. 따라서 연구자는 인터뷰 내용을 반복 청취하면서 전사기록과 비교하여 정확하게 기록되었는지 확인하고, 인터뷰 자료에 대한 이해가 부족한 부분에 대해서는 연구참여자와의 전화통화를 통해 이해와 정확성을 높이고자 하였다. 그리고 시설 입소와 관련하여 한국장애인복지시설협회의 자료 등의 경로를 통해 연구자료를 얻어 인터뷰 자료를 보완하는 과정을 거쳤다. 또한 자료의 의미 요약과 학문적 용어로 전환할 때에는 지도 교수님의 제자모임과 질적 연구방법으로 학위논문을 받은 박사학위 소지자 1인의 검토를 받아 용어의 적절성과 변환의 정도, 구성요소 간의 관계성 등에 대해 의견을 교환하면서 구조화 작업을 진행하였다.

둘째, 전환 가능성이다. 질적연구에 있어 전환 가능성은 양적연구의 외적 타당도에 상응하는 것으로서 연구의 결과가 다른 맥락이나 주제, 즉 대안적 연구절차를 사용함으로써 재현이 가능해야 한다는 것을 의미한다. 본 연구에서는 연구참여자들의 경험을 비교하면서 연구결과의 적용 가능성을 살펴보는 과정을 거쳤다. 또한 연구참여자들이 연구결과를 읽고 자신들의 고유한 경험에 비추어보았을 때, 의미가 있고 적용성이 있는 것으로 생각한다면 전환 가능성이 있는 것이라 보고자 했다.

셋째, 신뢰성은 엄격성을 판단하기 위해 감사 흔적성이 필요한데, 연구의 절차를 논리적으로 추적 가능하게 기록하였다는 사실을 보증하는 연구절차와 연구자의 책임에 대한 것이다. 이는 연구자가 자신의 연구결과를 다른 연구자로 하여금 살펴보고 따라갈 수 있도록 감사 흔적을 남기는 것을 의미한다. 이러한 감사 흔적을 통해 다른 연구자들 역시 비슷한 결론에 도달할 수 있다면, 연구의 신뢰성은 높다고 판단될 수 있다. 이에 연구자는 인터뷰 후 반복 청취하였고, 전환과정과 통합의 과정에서 자료수집 및 분석과 관련된 모든 과정을 기록으로 남겼다. 감사 자료에는 연구참여자와의 인터뷰 기록, 연구참여자에 대한 연구자의 생각과 느낌 및 인터뷰 과정을 기록한 일지, 의미단위 구분 기록, 의미단위 용어전환 및 구성요소 도출과정에 대한 기록이 포함되었다.

넷째, 확증성은 객관성에 상응하는 것으로 연구자료와 해석이 연구자의 편견을 배제하는 것을 뜻한다. 따라서 본 연구자는 지적장애인의 시설 입소에 있어 어머니에 대한 편견과 선이해가 작용하지 않도록 과거의 지식과 경험을 팔호치기를 하려고 노력하였다. 이를 위해 연구자의 생각이 연구에 방해되지 않도록 팔호치기의 태도를 취함으로써 연구의 확증성을 높이고자 했다.

IV

연구결과

희망과 긍정적 사고 없이는 아무것도 이룰 수 없다.

- 헬렌 켈러 -

본 연구에서는 지적장애인의 시설 입소에 관한 어머니의 경험을 연구참여자의 관점에서 깊이 이해하고자 11명의 심층인터뷰한 자료를 현상학적 방법으로 분석하였다. '지적장애인의 시설 입소에 관한 어머니의 경험'의 본질을 살펴보기 위해 Giorgi의 분석단계를 적용하였다. 현상학적 질적연구에서 말하는 경험의 본질적 구조란 연구참여자 개인이 겪은 경험들의 나열이나 특징이 아니라 연구참여자들의 공통된 시설 입소에 관한 경험에서 도출되는 주제를 통해 나타나게 된다. Giorgi의 기술학적 현상학의 분석단계에 따라 11명의 연구참여자 진술을 읽어가며 의미전환이 일어나는 부분에 사선(/)을 그어 538개의 의미단위를 도출하였다. 다음 단계로 시설 입소에 관한 어머니의 경험 구조를 규명하기 위해 538개의 의미단위 중에서 반복되거나 맥락에서 벗어났다고 판단되는 단위를 제외한 전체 227개의 의미단위를 최종 구조분석의 의미단위로 사용하였다. 11명의 참여자들이 경험한 의미단위를 통합해서 비교해보고 재구성해본 결과 공통적 요소는 다시 49개의 의미로 요약되었다. 49개의 의미요약은 연구참여자들의 시설 입소 경험의 본질적 구조를 구성하는 구성요소 8개와 하위구성요소 17개로 구조화되었다.

1. 시설 입소에 관한 어머니 경험의 구성요소

'지적장애인의 시설 입소에 관한 어머니의 경험'을 연구한 결과 이 경험을 이루는 본질은 8개의 구성요소와 17개의 하위구성요소로 이루어져 있다.

먼저 시설 입소 전 어머니의 경험으로, 이 경험의 시점은 어머니가 10여 년 이상 장애자녀를 양육해 오면서 많은 어려움을 겪었으나 평소 시설에 대한 불신 가운데 자녀의 시설 입소 결정을 쉽게 내리지 못하고 있었지만 시간이 흐를수록 시설 불신의 벽을 뛰어넘는 양육 부담으로 인해 자녀의 시설 입소를 결정한 후 가족들에게 동의를 구하고 자녀를 위해 좋은 시설을 찾기 위한 노력을 하는 시점까지의 경험이다. 이러한 시설 입소 전 어머니 경험의 구성요소는 시설에 대한 불신 가운데서도 양육 부담으로 인해 자녀의 시설 입소를 결정하게 된 <양육 부담 앞에 무너진 시설 불신의 벽>, 연구참여자들이 자녀의 시설 입소를 결정하고 가족들에게 이러한 결정을 알림에 따른 가족들의 반응인 <동의 혹은 반대에 부딪치기>, 시설 입소 결정 후 자녀가 거주할 좋은 시설을 찾아 고민한 <좋은 시설을 찾기 위해 고민하기>이다.

다음은 시설 입소 시 어머니의 경험으로, 이 경험의 시점은 자녀를 위해 좋은 시설을 찾은 후 시설에 입소시키기 위한 절차를 밟고 시설 입소 결정 통보를 받은 후 자녀의 시설 입소에 대한 재갈등 속에 자녀의 시설 입소 결정을 굳히고 자녀의 시설 입소를 준비하는 과정과 자녀를 시설에 입소시키고 집으로 돌아온 후의 시점까지의 경험이다. 이러한 시설 입소 시 어머니 경험의 구성요소는 시설 입소 절차를 밟고 입소 통보를 받은 후 입소 갈등 속에서 시설 입소를 굳히게 된 <시설 입소 절차와 갈등 헤쳐나가기>, 시설에 입소시킨 후 집으로 돌아갈 때와 집으로 돌아간 이후 자녀와의 분리거주의 아픔을 견뎌내는 <산산이 쪼개진 아픔 견뎌내기>이다.

마지막은 시설 입소 후 어머니의 경험으로, 이 경험의 시점은 어머니가 자녀를 시설에 입소시킨 후 자녀와의 분리거주로 인해 힘들고 아픈 정서적인 상황 속에서 차츰 일상의 삶에 적응해 가는 시점까지의 경험이다. 이러한 시설 입소 후 어머니 경험의 구성요소는 분리거주의 아픔과 그리움을 담은 <분리거주의 아픔과 그리움의 늪에서 허우적거리기>, 자녀의 시설 입소로 얻은 자유와 평안 그러나 이에 따른 죄의식이 공존하는 세계에서 살아가는 <불편한 현실 속에서 살아가기>, 자녀를 시설에 입소시켰으나 잊을 수 없는 자녀를 묻고 일상적인 삶에 적응해 가는 <잊을 수 없는 자녀를 묻고 일상에 적응하기>이다. 이러한 지적장애인의 시설 입소에 관한 어머니의 경험을 구성하는 구성요소 8개와 하위구성요소 17개를 제시하면 다음의 <표 3>과 같다.

경험 관련 시점구분	구성요소	하위구성요소
입소 전	양육 부담 앞에 무너진 시설 불신의 벽	1) 시설 입소가 내키지 않아 머뭇거림 2) 양육 부담 속에서 발버둥치기
	동의 혹은 반대에 부딪치기	1) 시설 입소 결정에 대해 가족의 동의를 얻음 2) 시설 입소 결정에 대해 가족의 반대 이해시키기 또는 거부하기와 마주함
	좋은 시설을 찾기 위해 고민하기	1) 여기저기 알아보기 2) 믿고 맡길 수 있는 시설 찾기
입소 시	시설 입소 절차와 갈등 헤쳐 나가기	1) 서로 다른 경험하기 2) 시설 입소 결정에 대해 갈등함
	산산이 쪼개진 아픔 견뎌내기	1) 말할 수없는 아픔과 마주함 2) 아픔의 눈물을 흘리게 됨 3) 자녀의 시설 입소로 인해 염려함
입소 후	분리거주의 아픔과 그리움의 늪에서 허우적거리기	1) 아픔과 그리움에서 헤매기 2) 죽음을 통한 이별보다 큰 아픔과 마주하기
	불편한 현실 속에서 살아가기	1) 자유와 회복을 경험하고 살아감 2) 양가감정 속에서 살아감
	잊을 수 없는 자녀를 묻고 일상에 적응하기	1) 마음에 장애자녀를 품고 살아감 2) 아픔과 슬픔을 달래고 삶에 적응하기

2. 시설 입소 전 어머니의 경험

1) 양육 부담 앞에 무너진 시설 불신의 벽

첫 번째 지적장애인의 시설 입소 전에 관한 어머니의 경험을 이루는 구성요소는 <양육 부담 앞에 무너진 시설 불신의 벽>으로 시설에 대한 불신에도 불구하고 양육 부담으로 인해 시설 입소 결정을 하게 된 것에 관한 서술이다. 시설 입소 전에 경험한 연구참여자들의 시설에 대한 불신과 자녀의 시설 입소 결정은 '시설 입소가 내키지 않아 머뭇거림', '양육 부담 속에서 발버둥치기'의 두 가지 하위구성요소로 이루어졌다.

보건복지부의 장애인거주시설 인권실태조사(2012) 최종 결과에 따르면, 200여 개의 장애인거주시설 이용 장애인(5,802명)의 인권침해실태 조사를 실시한 결과 총 59건(성폭력 1건, 성추행 5건, 폭행 6건, 학대 5건, 체벌 12건, 수치심 유발 6건, 환경 불량 15건, 통장관리 및 종교 등 9건)의 인권침해 사건이 발생한 것으로 나타났고, 그 결과 형사고발 및 시설폐쇄 등의 조치가 이루어졌다.

연구참여자들은 자녀를 시설에 입소시키기 전 매스컴을 통해 들려오는 시설에서의 폭행, 감금 등의 인권침해 소식을 접하게 되면서 시설에 대해 불신을 하게 되었고 이로 인해 자녀의 시설 입소 결정을 쉽게 내리지 못했음을 알 수 있었으며 보건복지부의 장애인 인권실태조사 결과는 이를 이해하는 데 도움이 되었다. 그러나 연구참여자들은 이러한 시설에 대한 불신을 넘는 양육 어려움으로 인해 자녀의 시설 입소를 결정하게 되었다.

(1) 시설 입소가 내키지 않아 머뭇거리기

자신의 자녀가 장애를 가지게 된 것을 알게 된 연구참여자들은 큰 충격을 받았고(Blacker, 1984) 치료를 위해 최선을 다하였으나 회복되지 못하였다. 그러나 자신의 자녀이기에 자신이 책임을 져야 한다는 사명감과 치료에 대한 희망을 잃지 않고 교육과 재활 그리고 양육에 최선을 다하였지만, 세월이 지날수록 견디기 어려운 여러 가지 양육의 어려움으로 시설 입소를 결정하게 되었다.

'시설 입소가 내키지 않아 머뭇거림'은 이러한 연구참여자들이 매스컴을 통해 시설에서의 인권침해 관련 사건소식을 접하거나 거주시설의 특성상 단체거주로 인한 돌봄의 질에 대한 염려로 시설에 대해 불신을 하게 되어 자녀의 시설 입소에 대한 필요성은 인식하면서도 쉽게 자녀의 시설 입소 결정을 내리지 못한 것에 관한 서술이다. 특히 장애인거주시설에서의 운영자와 근무자에 의한 인권침해 사례는 단절되지 못하고, 언론에 보도될 정도로 사회문제화되는 경우가 적지 않아(김지호, 2011) 이러한 사실을 이해하는 데 도움이 되었다.

① 인권침해 소식으로 시설 입소가 내키지 않음

매스컴을 통해 인권침해 사건 소식을 접한 <연구참여자 A, D, E, H>는 한결같이 시설에 대한 부정적인 인식으로 인해 자녀의 시설 입소 결정을 쉽게 내리지 못하였다. <연구참여자 A>는 가정에서 자녀의 주 양육자로 살아왔다. 남편과 위로 오빠가 있었지만 장애자녀에 대한 양육에는 무관심했기 때문이었다. 사는 것이 너무 힘들고 어려워 장애자녀와 함께 가출을 생각한 적도 몇 차례, 그러나 남은 가족들 때문에 실행해 옮기지는 못하였다. 혼자서는 아무것도 할 수 없는 중증의 자녀에 대한 양육 어려움과 자신의 사후 양육문제 등으로 자녀의 시설 입소를 생각했지만 시설에서의 인권침해 소식에 자신의 분신과 같은 자녀의 시설 입소가 내키지 않았다.

시설이 있다는 것은 알았지만 마음은 그리 내키지 않았습니다. 내키지 않고, 이제 뭐 TV나 뉴스 같은 걸 통해서 들어보면 폭행하는 데도 있다하고 그런 말들이 있고, 옛날에 보면 종교시설 같은 이런 곳에서 아이들을 감금을 시키고 그런 게 있더라고요.

〈연구참여자 A, 12〉[1]

<연구참여자 D>는 장애자녀 양육과 남편의 지병으로 인한 돌봄 가중, 가정경제 등의 문제로 매우 힘겨운 삶을 살아오는 과정에서 친척으로부터 자녀의 시설 입소를 권유받았으나 시설에 관해 들려오는 여러 가지 사건사고 소식으로 인해 시설을 믿을 수 없어 자녀를 시설에 입소시키지 않고 계속 함께 살게 되었다.

우리 형님이 이제 시설에 보내라고 하더라고요. 어려서부터 보내는 것이 낫다고 그래서 이제 보내려고 마음을 먹었지만, 이제 마음이 놓이지 않아서 보낼 수가 없더라고요. 보내라고 하는데 내

---

1) 이것은 본 연구에서 채택한 면접 녹취 텍스트 인용 방식이다. < > 안 표기는 참여자, 페이지를 나타낸다. 예를 들면, <참여자 A, 12>는 연구참여자 A의 12쪽의 내용을 인용한 것임을 뜻한다.

가 마음이 놓이지 않고 또 요즘 너무 세상이 그러니까. 이제 내가 계속 해서 이제 데리고 있었어요. 데리고 있다가……

〈연구참여자 D, 2〉

<연구참여자 E>는 교통사고로 인해 자녀가 머리를 크게 다쳐 장애를 입게 되었고 통제가 어려울 정도의 난폭한 장애 행동으로 인해 장애자녀와 함께 자살을 생각하기도 하였다. <연구참여자 E>는 매우 큰 양육 부담과 어려움 가운데 시설 입소를 생각하게 되었지만 매스컴을 통한 인권침해 소식에 자녀의 시설 입소가 마음에서 멀어졌다. <연구참여자 E>의 '과감하게 나서지 못하겠더라고요'라는 말은 시설에서의 인권침해 소식 가운데서 자녀의 시설 입소 결정을 쉽게 내리지 못한 심경을 단적으로 토로한 것으로 생각된다.

진짜 조금은 마음에 이렇게 와 닿지는 않았어요. 들리고 TV, 매스컴으로 막 이렇게 보이는 게 있잖아요. 장애자들 감금해놓고 좀 난폭하게 행동하는 아이들은 손발을 다 묶어놓는다 하더라고요. 그런 소식…… 내가 눈으로 보진 않았지만 그런 소식과 말들이 우리에게는 크게 들리잖아요. 그러다보니까 입소를 시켜야 되는 것은 기정사실인데 과감하게 나서지를 못하겠더라고요.

〈연구참여자 E, 7〉

<연구참여자 H>는 자녀의 장애를 알게 된 이후 4세 때부터

조기교육, 언어치료 등을 통해 자녀의 장애 회복을 위해 최선을
다했다. 그러나 도리어 장애는 중하여져 가고 이로 인해 우울증
과 장애자녀의 문제행동으로 이웃 간의 갈등이 잦아 견디기 어
려운 삶 가운데서 자녀의 시설 입소를 생각했지만 TV에서 시설
에 대한 부정적인 소식을 접하고 마음이 심란해짐을 느꼈다.

좋은 곳은 좋게 생각했어요. 근데 TV에서 안 좋게 나오면 좀
심란했죠.

〈연구참여자 H, 2〉

② **집단거주로 인한 시설 불신으로 시설 입소가 내키지 않음**
<연구참여자 G, I>가 양육 부담 가운데서도 자녀의 시설 입소
결정을 머뭇거리게 된 다른 하나의 시설에 대한 불신의 이유는
거주시설의 집단거주의 특성으로 인한 개별적인 서비스 지원의
한계였다. 집에서 어머니와 같이 양육(의ㆍ식ㆍ주, 인격적인 처
우)할 수 없을 것이라는 부정적인 생각 때문이었다. 자녀를 시설
에 입소시키려는 어머니들의 시설 입소 결정에 있어 이러한 측
면이 부정적인 요인으로 작용할 수 있음을 알 수 있다.

연구참여자들의 이와 같은 시설에 대한 불신은 아직까지 시설
거주인의 생활에 있어 많은 부분들이 여전히 공급자 중심으로
편성되어 있음을 의미한다. 많은 수의 시설 거주인이 공동으로
거주하자면 불가피한 선택일 수밖에 없을지도 모른다. 그렇기 때
문에 시설의 소규모화는 시설 거주인에게 가족생활과 유사한 서

비스를 제공할 수 있는 전제조건이 된다(홍기원, 2009).

> 시설에 대해서 불신을 좀 했습니다. 아무래도 지금 알고 있는 그런 것이 아니고, 좀 이제 말하자면 이제 좋지 않게 생각하고 있었습니다. 내 생각은 그러니까 거기 보내고 싶지 않았던 겁니다. 그 한 사람, 두 사람도 아니고 여러 사람을 그 참 해가지고 나가자면 어떻게 엄마가 데리고 있는 자기 집처럼 이렇게 해 줄 수 없는 것 아닙니까? 그만 우리가 빨리 생각할 때에 이리저리 생각하지 않더라도…… 그래서 그런 생각을 가진 것 같아요.
>
> 〈연구참여자 G, 3〉

> 여러 명의 장애인을 수용하고, 프로그램에 의해서, 시스템에 의해서 관리를 하기 때문에 저 개인 하나만 봐줄 수는 없는 곳이에요. 그래서 단체생활이니까 미덥지는 않았지요. 왜냐하면 먹는 부분이라든지, 아이들을 대하는 태도라든지……
>
> 〈연구참여자 I, 17〉

'시설 입소가 내키지 않아 머뭇거림'의 경험에서 진퇴양난(進退兩難)의 상황에 놓인 연구참여자들의 모습을 볼 수 있었다. 양육의 어려움은 극에 달하여 더 이상 뒤로 물러설 수 없고, 시설에서의 인권침해 소식에 시설에 입소해야 하는 것은 기정사실이었지만 자녀를 시설에 입소시키기 위해 앞으로 나갈 수도 없는 상황에 놓여 있었기 때문이다.

결국 이러한 사실은 연구참여자들의 삶을 더욱 힘들게 하였고 연구참여자들이 가진 시설에 대한 불신의 벽은 일정기간 양육 부담을 뛰어넘는 커다란 장벽으로 자녀들의 시설 입소를 가로막고 있었다. 이러한 시설에 대한 불신으로 연구참여자들이 자녀의 시설 입소를 머뭇거리게 된 것은 시설에서의 인권 침해라는 사실에 기인한 것은 사실이나 연구참여자들의 거주시설에 대한 짧은 지식으로 인한 단편적인 이해가 영향을 미친 것으로 생각되며 이러한 사실은 연구참여자들 대부분의 학력수준이 높지 않은 데서 알 수 있었다.

또한 이러한 경험을 한 연구참여자들이 자녀를 시설에 입소시킨 것이 10년 전인 경우가 많아 그 당시 시설에 대한 낮은 사회적인 인식도 한몫을 한 것으로 생각된다. 그리고 이러한 머뭇거림은 비록 그들의 삶과 가정에 견디기 어려운 큰 어려움을 안겨 준 장애자녀이지만 이들을 사랑하는 연구참여자들의 자녀 사랑에 대한 어머니의 마음에서 기인한 것이었음을 후설할 내용들에서 확인할 수 있다.

(2) 양육 부담 속에서 발버둥치기

'양육 부담 속에서 발버둥치기'는 연구참여자들이 시설에 대한 불신으로 자녀의 시설 입소를 일정기간 머뭇거렸으나 시설에 대한 불신의 벽을 뛰어넘는 견디기 어려운 양육 부담에서 벗어나 모든 가족이 평범한 삶을 살기 위해 연구참여자들이 어렵게 장애자녀의 시설 입소를 결정하게 되는 내용에 관한 서술이다. 연구참여자들의 양육 부담은 다른 자녀의 장래를 위한 염려와 자신의 노화와 사후의 양육에 대한 염려, 자녀의 문제행동, 양육에 매인 삶, 경제활동의 어려움 등이었다.

지적장애아의 경우 일상생활에서 부모 의존도가 높아 추가 양육부담이 크기 때문에 육체적, 정신적 피로를 더 많이 느껴 허약한 건강상태에 있고, 이러한 양육부담으로 인해 가족 간의 여행이나 외출이 힘들고 활동에 제약을 받을 뿐 아니라 자기만의 시간을 가질 여유가 없다(박신정, 2008; Blacker, 1984)는 연구결과는 이러한 사실을 이해하는 데 큰 도움이 되었다.

① 다른 자녀의 장래에 대한 염려

연구참여자들은 장애자녀의 양육으로 인해 다른 형제들의 양육에는 큰 관심과 사랑을 다하지 못하였다. 그러므로 다른 자녀들은 어머니로부터 소외감을 느끼게 되었다. 그러나 어머니에게는 열 손가락 깨물어 아프지 않은 손가락이 있을 수 없다. 장애자녀의 양육에 한계를 느낀 어머니들은 남은 자녀들의 양육을 생각하지 않을 수 없었다.

그리고 장애와 장애인을 편견으로 바라보는 우리 사회의 구조 속에서 피해의식을 가지게 되어 이로 인해 자신의 장애자녀가 다른 형제들의 결혼에 걸림돌이 되고 마이너스가 될 것이라 생각했고 또한 자신의 사후에 다른 자녀들에게 장애자녀에 대한 양육의 대물림(Griffiths & Unger, 1994)이 될 수도 있다는 염려로 장애자녀의 시설 입소를 결정하게 되었다.

특별히 <연구참여자 A, G>는 다른 형제들의 결혼에 장애자녀가 '걸림돌'이 될 것을 염려하여 자녀의 시설 입소를 결정하게 되었다. 이러한 사실은 아직까지도 장애에 대한 올바른 인식의 부재가 장애인을 낙인찍는 구조 속에서 당사자나 가족들이 부끄러움과 죄의식을 가지고 살아가게 하는 결과를 초래함을 알 수 있다. <연구참여자 G>가 '이런 사회가 그렇지요?'라고 토로한 것은 이를 뒷받침하고 있다고 생각된다.

　　자기 오빠가 결혼을 하면 우리 ○○2)이가 걸림돌이 되지나 않을까?

〈연구참여자 A, 3〉

　　걸림돌은, 누구나 생각하기 나름이지만 좀 이제 자기 오빠 결혼이라든지 이런 것에 대해서 모든 게 좀 ○○이가 좀 걸림돌이 되는 것은 사실이 아닐까요? 이런 사회가 그렇지요?

〈연구참여자 G, 6〉

<연구참여자 F, G, J>는 장애자녀에 쏠린 양육으로 다른 자녀들을 제대로 양육하지 못하는 것에 부담을 느껴 장애자녀의 시설 입소를 생각하게 되었다. 왜냐하면 다른 자녀들도 자신의 관심과 사랑을 받아야만 하는 똑같은 자녀들이었기 때문이었다.

---

2) ○은 사람 이름, ⑪은 시설 이름, ●은 지역 이름을 나타낸다.

자기 누나들을 위해서고 참 동생을 위해서라도 어디 보내야 된다. 이렇게 하는데……

〈연구참여자 F, 4〉

또 그런 생각도 들대요. 자기 형제들 우리 남은 아들을 위해서는 우리 ○○이를 저런 시설에 보내야 되겠다는 그런 생각도 있었습니다.

〈연구참여자 G, 5〉

그때 이제 제가 ○○이를 좀 봐줄 수 있는데 보내야 일단 남은 가족도 살아야 되지 않겠습니까? 보내야 되겠다. 그때에 이제 생각을 한 거예요.

〈연구참여자 J, 6〉

특별히 <연구참여자 C>는 장애자녀를 양육하여 오면서 통제하기 어려울 정도의 산만한 자녀의 행동과 이웃들로부터 하지 않은 것을 자신의 자녀가 한 것처럼 오해받는 일들로 인해 경험하는 매우 큰 양육 부담 가운데서 자신의 사후에 이러한 양육 부담을 고스란히 비장애인 자녀가 지게 되어 양육 부담이 비장애인 형제에게 대물림(Griffiths & Unger, 1994)될 것을 염려하여 장애자녀의 시설 입소를 결정하게 되었다.

아니 그렇다 보니까 이제 내가 없으면 아무라도 저거 형제간도 신경이 쓰일 것 아닙니까? 형제간들에도 형님한테 신경 쓰는 것이 늘 그러니까……

〈연구참여자 C, 32〉

② 다른 가족의 양육 부담

한 가정에 장애를 가진 구성원이 있다면, 그 장애인 가족으로 인해 파생되는 여러 가지 스트레스와 부담은 당사자 혼자만의 문제가 아니라 그 가족 전체에 영향을 미치게 됨을 알 수 있었는데, 이는 김종혜(2011)의 연구결과와 동일하였다. 더욱이 부모가 경제활동을 해야만 가정을 이끌어갈 수 있는 상황에서 부모 외 다른 동거 가족이 장애인가족의 양육 부담을 고스란히 질 수밖에 없기 때문이다. <연구참여자 B>는 부부가 함께 바다 일을 해야만 하는 상황에서 장애자녀의 동생이 어머니의 역할을 대신해야만 하였고, 동생은 이로 인해 적지 않은 스트레스를 경험하였다.

선행연구에서 지적장애인의 형제들이 형제관계에서 갖는 어려움에 관해 보고하고 있다. 일반적으로 장애인이 없는 가정에서 청소년기 이전 시기의 형제들은 서로에게 놀이친구와 공부친구가 된다. 이들은 효과적인 교사로서의 형제가 처한 상황에 대해 부모보다 더 적극적인 이해를 제공하고, 동료로서 새로운 환경을 함께 탐색한다. 이들은 서로를 보호하고 의존하거나 또는 경쟁자가 됨으로써 정서적·사회적 발달의 기반을 형성한다(유영주, 1994).

그러나 지적장애인 가정의 비장애 형제는 지적장애인과의 상호작용을 경험하기 어렵다. 오히려 이들은 부모로부터 지적장애인과 놀아주고 보호해주는 부모 대리 역할의 수행을 요구받음으로써 당황스러움을 경험한다. 그리고 부모가 지적장애인 양육에 전적으로 집중하며 자신에게는 소홀한 데 대한 심리적 고립감, 자신의 욕구를 충족시킬 수 없는 상황이 불만스러우면서도 자신은 지적장애인보다 많은 관심을 받으면 안 된다는 죄책감 등을 느낀다(김명선, 1987).

이러한 선행연구의 결과들은 <연구참여자 B>의 비장애자녀가 지적장애인 형제의 양육에 부모를 대신함에 있어 경험했던 어려움을 이해하는 데 도움이 되었다.

> 어디 갈 때마다 ○○아 형 좀 봐라 하고 바다 잠깐 한두 시간 갔다 오니까. ○○이가 형 보기가 힘든가봐 늘…… 저거 형 좀 보고 있으라 하면 엄마 언제 올 거냐고? 지금 빨리 오라면서…… 힘들어 죽겠다고…… 그래가지고 우리 ○○이 하는…… 자기에게 잘 못해줘도 되니까 형 보라는 말만 하지 말라고…… 지금(웃음)
>
> 〈연구참여자 B, 8〉

<연구참여자 D>는 남편이 지병으로 병원치료를 받아야 하는 상황에서 연구참여자가 가정경제를 이끌어갈 수밖에 없었다. 그래서 장애자녀의 양육에 시어머니의 역할이 매우 큰 비중을 차지하였는데 시어머니가 장애인 손녀를 양육하는 일을 너무 힘들

어하여 시어머니에게 미안한 마음에 자녀와 함께 생활하고 싶으나 어쩔 수 없이 시설 입소를 결정하게 되었다.

어머니에게만 맡겨 놓는 것도 미안하고 어머니도 너무 힘들다고 그리고 내가 어쩔 수가 없더라고요. 장애인 자녀를 둔 어머니의 마음은 거의 다 비슷할 겁니다. 그냥 보내는 게 오히려 더 낫겠다고 생각해서 보냈습니다.

〈연구참여자 D, 6〉

③ 장애자녀 양육과 다른 가족 돌봄의 이중 부담

연구참여자들은 비장애인 가정의 어머니들보다 배나 더하는 장애자녀 양육과 다른 가족 돌봄의 이중 부담을 가지고 있다. 그 이유는 장애인 자녀 양육 외에 비장애인 가족을 추가로 돌봐야 함에 기인한 것이었다. <연구참여자 G>는 갑작스럽게 남편이 병이 들고 또 사고로 다치는 등의 문제로 장애자녀의 양육과 함께 남편의 간병인 역할까지 해야 하는 상황에서 장애자녀 양육과 다른 가족 돌봄의 이중 부담으로 자녀의 시설 입소를 결정하게 되었다.

그래 자기 아버지는 그때부터 병이 들어서 좋지 않고, 병원에 가서 내가 간호를 해줘야 될 사정이고……

〈연구참여자 G, 1〉

<연구참여자 K>는 중증의 장애자녀 양육과 시아버지 봉양으로 돌봄 가중의 한계에 봉착하여 더 중한 양육 부담인 장애자녀의 시설 입소를 생각하게 되었다.

제가 힘들기도 힘들었고 그때는 나이 드신 시아버지가 계셨는데, 주말마다 반찬을 해 드리려고 하니 애까지 업고가기가 힘들더라고요.

〈연구참여자 K, 4〉

④ 사후 양육 부담

연구참여자들은 자신의 분신과 같은 장애자녀를 양육함에 있어 자신이 책임을 져야 한다는 사명감을 가지고 여러 가지 양육 부담 앞에서도 굴하지 않고 양육의 삶을 지탱해왔다. 그러나 한 번 죽는 것은 사람에게 정해진 이치로 이들 연구참여자들은 평생 살아서 장애인 자녀를 양육할 수 없다는 생각을 하게 되고 자신의 사후에 누가 자신의 장애자녀를 양육할 수 있을지 고민하게 되었다. 그러나 다른 자녀들에게는 양육 부담밖에는 될 수 없고 혹시라도 장애자녀가 미운 오리 새끼처럼 살아가지나 않을까 하는 염려 가운데 장애자녀의 시설 입소를 생각하게 되었다.

노령화되어 가는 지적장애인 부모들은 지적장애인 자녀를 언제까지 부양할 수 있을 것인지에 대한 불안함, 만성적 우울, 부양 과중에서 비롯된 신체적 약화, 노후대책에 요구되는 경제적 재원의 감소, 세상과 동떨어져 있는 사회적 고립감 등을 경험하고 자신의 사망 시점까지 지적장애인 자녀에 대한 영구적인 양육 부담을 지게 되나, 자신이 더 이상 부양을 지속적으로 할 수 없게 될 경우에 지적장애자녀의 부양을 책임질 또 다른 부양자를 필요로 한다(최선경, 2008)는 연구결과를 통해 이를 이해하는 데 도움이 되었다. <연구참여자 A>는 여러 가지 양육 부담으로 인한 장애자녀의 시설 입소 결정 이유 가운데 가장 큰 이유로 작용한 것은 자신의 사후에 장애자녀의 양육에 대한 부담 때문이었다.

> 이제 최종적으로는 내가 죽으면 우리 ○○이를 누가 이렇게 씻기고, 먹이고, 다독여 줄까? 이런 생각에 그만 최종적으로 이제 시설에 내가 입소시켜야 되겠다. 이런 마음을, 결정을 내렸습니다. 평생 내가 자기 옆에 있을 수 없거든요.
>
> 〈연구참여자 A, 3〉

<연구참여자 E>는 주위에 알고 지내는 장애자녀를 둔 어머니들로부터 자녀를 18세 때 일찍 시설에 입소시킨 것에 대해 독하다는 이야기를 들었다. 그러나 <연구참여자 E>가 조기에 자녀를 시설에 입소시킨 이유는 평생 살아서 자녀를 양육할 수 없고 자녀에게도 이러한 사실을 알게 할 필요성도 있기에 자신의 살점을 떼어내는 것처럼 말할 수 없는 아픔 가운데서도 자녀를 시설에 입소시키게 되었다. 그리고 <연구참여자 E>는 이러한 사실을 '기정사실'로 표현하며 사후의 자녀 양육의 부담을 토로하였다.

이 아이를 위해서는 떼어내야 되거든요. 저는 일찍부터 그것을 항상 제 마음속에 간직하고 왔어요. 어차피 네가 장애인 이 모습으로 살아가야 되는 것이라면 엄마가 평생토록 너와 함께할 수 없는 것은 기정사실이고……

〈연구참여자 E, 4〉

⑤ 노화와 건강에 따른 양육 한계

11명의 연구참여자들의 평균 연령은 53세로 자신들의 나이가 들어가면서 신체적인 노화 가운데 중증의 장애자녀 양육에 있어 육체적인 한계를 느끼거나 생각하게 되었다. 마음만은 자신의 자녀를 끝까지 양육하고 싶으나 세월이 갈수록 육신은 약해지는 가운데 하나부터 열까지 자신의 손길이 아니면 살아갈 수 없는 중증의 장애자녀 양육과 또한 자신의 노화와는 반대로 자녀는 날로 성장하면서 체력적인 성장과 함께 통제하기 어려울 정도의 장애로 인한 문제행동에 대한 중재 및 통제의 어려움에 봉착하여 장애자녀의 시설 입소를 결정하게 되었다.

<연구참여자 E>는 성장하면서 통제하기 어려울 정도로 자기만의 세계에서 살아가는 장애자녀를 보며 갱년기에 들어선 자신의 신체적인 노화 가운데 장애자녀의 양육 부담을 피부로 느끼게 되었고 이제 더 이상 감당할 수 없는 체력적인 한계에 부딪힌 것이었다. <연구참여자 E>는 '도저히 감당이 되지 않는다', '저는 죽습니다' 등의 표현으로 당시 절박하고 힘겨웠던 상황을 토로하였다.

그 한 3년 동안은 제가 갱년기가 왔으니까…… 하나님 이제는 이 아이를 입소를 시켜야 되겠습니다. 나로서는 도저히 감당이 되지 않는다고 제가 작정으로 기도했어요. 하나님 이 소원을 들어주시지 않으면 저는 죽습니다.

〈연구참여자 E, 2-3〉

그리고 나는 쇠하여져 가면서 너를 수발할 수가 없고 그러다 보면 좋은 곳으로 시설에 입소를 해야 된다는 것을 항상 생각하고 있었지만…… 모든 장애인 엄마들은 그렇게 생각하고 있어요.

〈연구참여자 E, 4〉

<연구참여자 G>는 자신의 노화로 인한 건강문제 발생을 예측하고 이에 따른 양육 부담으로 자녀의 시설 입소를 자주 생각하게 되었다.

이제 어느 날, 이제 제가 가만 생각해보니까 나도 이렇게 건강이 매일 유지될 수도 없는 것이고, 되지 않겠다는 생각이 들더라고요.

〈연구참여자 G, 1〉

내가 생각할 때 그만 저도 나이가 자꾸 들어가지 않습니까? 그러면 이제 그냥 마냥 건강하게 있지는 않지 않습니까? 그러니까 만약에 내가 아프다면 이 아이를 어떻게 하지 이런 생각이 머리를 스치대요. 그러니까 그런 생각에서 보내야 되겠다는 생각이 더 이제 진하게 자꾸 들더라고요.

〈연구참여자 G, 4〉

<연구참여자 H>는 자녀의 재활을 위해 많은 노력을 해왔지만 회복의 기미는 보이지 않고 자녀의 성장과 함께 더해만 가는 문제행동으로 우울증을 경험하고 약물치료를 받아야만 하였다. 그리고 자신의 노화로 인한 체력의 저하와는 반대로 장애자녀는 체력이 강해지고, 통제가 어려운 자녀의 장애 특성으로 인해 양육의 한계를 경험하여 시설 입소를 생각하게 되었다.

그렇게 해도 그때는 제가 체력이 안 따라주니까 못 데리고 다니겠더라고요. 그게 힘들었어요. 많이…… 지금도 집에 데리고 있을 때 밖에 나가면 얘도 스트레스 풀고 좋은데 가게만 가려고 그러니…… 뜀박질하고, 빨리 가자고 손 끌고…… 그게 힘들어요. 집에 데리고 있으면……

〈연구참여자 H, 1〉

⑥ 중증·중복장애 자녀의 양육 어려움

농부는 씨앗을 뿌리고 거름을 주며 물을 준다. 그리고 매일 조금씩 성장하는 것과 열매 맺는 것을 통해 보람과 기쁨을 얻는다. 이처럼 부부는 사랑의 결실로 자녀를 얻는다. 그러나 그 자녀가 중증·중복의 장애를 가지게 된 것을 알게 되고 큰 충격 가운데 자녀의 장애를 수용하고 치유란 희망의 끈을 놓지 않고 온갖 노력을 다하고 양육에 최선을 다한다.

그러나 자녀가 중증·중복의 장애로 태어나면서부터 혼자서는 아무것도 할 수 없는 상황에 있는 경우, 이들 어머니들은 더 큰 충격과 슬픔에 빠지게 된다. 그리고 이들이 성장하면서 이들을 양육하는 양육의 강도는 자꾸만 가중될 수밖에 없는 상황에서 연구참여자들은 자녀의 시설 입소를 생각하게 되었다.

11명의 연구참여자의 장애자녀들은 모두 지적장애 1급과 2급의 중증장애와 함께 간질, 지체, 언어, 자폐 등 2~3가지의 장애를 중복으로 가지고 있는 중증·중복의 장애를 가진 자녀들로 이들 연구참여자들의 장애자녀 양육의 강도가 비장애자녀의 양육이나 단일장애를 가진 장애자녀 양육 부담과는 비교할 수 없는 양육 부담을 가졌음을 알 수 있다(서명옥, 2008; 이상미, 2008). <연구참여자 A, B, K>는 이러한 양육의 어려움을 토로하였다.

> 자기가 할 수 없는, 자기 손으로…… 전부 집에 있어도 자기가 밥이나 자기가 떠먹든지, 옷을 이리…… 좀 걸어나 다니든지 이렇게 하면 또 보내지 않았을지 모르겠는데 이건 전부 내 손이 전부 다 가야 되는 상태가 되어가지고……
>
> 〈연구참여자 A, 12〉

> 아직 어릴 때는 모르겠더라고요. 애기 때는, 이제 좀 키우다보니까는 이제 하나에서 열까지 사람 손이 다 가야 되니까 이제 힘이 드는 거지……
>
> 〈연구참여자 B, 1〉

> 힘들었죠. 대소변 때문에 힘들었죠. 기저귀를 채웠거든요. ○○

이가 초등학교 6학년 때 여기 왔거든요. 시장에 갈 때도 그렇고 (웃음)…… 대소변 그것이 제일 힘들었습니다.

〈연구참여자 K, 1〉

⑦ 양육에 매여 자유를 잃음

연구참여자들은 24시간 장애자녀의 곁에 있어야 하는 삶을 살아야만 하였다. 한마디로 양육에 매여 자유를 잃은 삶(백은령 외, 2010)이었다. 잠시 자리를 비운다고 하여도 그 부담되고 불안한 마음은 어쩔 수 없는 문제였다. 즉, 마음에 평안이 없었다. 웃는 게 웃는 게 아닌 셈인 것이었다. 그리고 이들의 양육에 매인 삶은 한 달, 두 달 그리고 일 년, 이 년의 개념이 아닌 십여 년 이상의 세월을 의미한다. 이제 지칠 대로 지친 삶…… 이제 연구참여자들은 양육에 매인 삶에서 자유를 갈망하고 있었다.

〈연구참여자 B〉는 자녀가 태어나면서부터 인큐베이터에 의해 생명을 유지해야 했고 이후 성장하면서 혼자서 아무것도 할 수 없는, 오로지 누워서 생활해야만 하는 중증·중복의 장애를 가지게 되었고 이로 인해 〈연구참여자 B〉는 장애자녀의 양육을 인해 모든 것을 내려놓고 오직 가정에서 가사일과 자녀 양육에 매여 자신의 삶을 잃어갔다.

이제 개인적은 볼일은 못 보는 것이고, 이제 ○○, 아이에게만 매달려 가지고 이제 하루하루 이래 살아가는……

〈연구참여자 B, 1〉

<연구참여자 F, H>는 자녀가 특수학교를 졸업한 이후 가정에서 함께 생활하는 가운데서 자녀의 학교생활로 누렸던 자유를 잃고 자녀의 양육에 매인 힘든 삶을 살았다. <연구참여자 F>의 '꼼짝을 못하는 거예요'와 <연구참여자 H>의 '걔가 오면 꼼짝 못하니까'란 말을 통해 그들 어머니들의 양육에 매인 삶의 어려움을 느낄 수 있었다.

저도 그지요. 참 이 ○○가 집에 있으니까. 어디 참 뭐 결혼식이든지, 어디 나갈 때 못가고 하지요. 너무 힘들더라고…… 들에 가려고 하니 어디 놓아두고 갈 수도 없고, 힘이 들어가지고 학교 졸업을 하고 나니까 꼼짝을 못하는 거예요.

〈연구참여자 F, 3-4〉

학교를 졸업한 이후에는 집에 하루 종일 같이 있는 거고요. 학교 다닐 때는 ○○이가 학교에 가 있는 시간에는 자유죠. 그 시간에 볼일을 빨리 봐야 되고, ○○이 올 시간 전에…… 걔가 오면 꼼짝 못하니까…… (침묵)

〈연구참여자 H, 8〉

<연구참여자 K>는 장애자녀를 바라보는 차별의 시선으로 마음에 많은 상처를 받은 이후로는 자녀와 함께 외출하는 빈도가 적어지기도 하였다. 이는 장애자녀가 중증의 장애로 인한 외모나 언행에 대한 비장애인들의 인식의 부족에 기인한 차별 때문이었

다. <연구참여자 K>는 이러한 중증의 장애자녀의 양육과 집안 살림만 하고 자녀의 양육 때문에 외출이 어려워져 시설 입소를 결정하였다.

> 그냥 살림만 했죠. 애보고…… 저는 ○○이 하고 같이 생활하고, 어디 나갈 수가 없으니까……
>
> 〈연구참여자 K, 2〉

⑧ 양육으로 경제활동의 어려움

연구참여자들은 장애자녀의 양육과 가정의 경제활동 사이에서 고민해야만 하는 어려움을 겪게 되었다(오연수, 2004). 가족 모두가 안정된 생활을 하고 꿈을 키워가려면 경제적인 측면이 따라 주어야 하는데 장애자녀를 양육하는 일로 매인 삶을 살아야 했기 때문이다. 사실 이 때문에 다른 가족들이 어머니들을 대신하여 장애인 가족들을 양육해야 하는 양육 부담의 상황에 놓였었고 연구참여자들은 그러한 문제로 다른 가족들에게 미안한 마음을 가지게 되었다. 연구참여자들은 이러한 경제적인 측면의 해결이 우선 해결되어야 그래도 모든 것이 어느 정도 해결되어져 나갈 수 있다는 생각을 가지게 되어 자녀의 시설 입소를 생각하게 되었다는 점에서 장애인을 가족 구성원으로 둔 가정이 경제적으로 매우 어려운 상황에 놓이게 됨을 알 수 있다.

보건복지부(2008)의 조사에 따르면 우리나라의 장애인 가구의 월평균 소득은 181만 9천 원으로 전국 가구 월평균 소득 337만

원의 54%에 불과한 것으로 나타났다. 그러나 장애인 가구는 장애인 가족 구성원으로 인해 추가로 소요되는 비용이 월평균 15만 4천 원에 이르고 있는 것으로 나타나(정무성 외, 2010) 실제 월 평균 수입액은 이를 감한 금액이라고 생각되며 이러한 내용은 장애인 가구의 경제적 어려움을 이해하는 데 도움이 되었다.

<연구참여자 B>는 결혼 후 첫 아이를 임신하고 시댁으로 들어와 함께 살게 되었고, 시아버지의 권유로 부두에서 어부들을 대상으로 식당을 운영하다 잘 되지 않아 남편과 함께 배를 구입하여 고기를 잡거나 고막, 바지락 등을 채취하는 등 바다를 터전으로 삼아 일을 하게 되었다. 그런데 일의 특성상 부부가 함께 일을 해야 하는 상황에서 시어머니는 시어머니대로 하는 일이 있어 손자를 양육하지 못해 장애자녀의 양육과 가정의 경제활동 사이에서 많은 어려움과 고민을 하게 되었다.

> 또 집에도 생활도 해야 되는데 또 바다일이다 보니까 혼자서는 못하고, ○○이 아빠랑 같이 하게 되니까. ○○이를 제가 혼자 못하니까. ○○이를 제가 이렇게 집에서 봐야 될…… 부모님도 어머님도 계시는데, 어머님은 자기 일하신다고 ●●● 나가계시고. ○○이 아빠가 혼자는 되지 않으니까요. 일하는 게……
>
> 〈연구참여자 B, 2〉

<연구참여자 J>는 결혼 전에는 부유한 가정에서 태어나 자라 가난을 경험해보지 않았으나 결혼 후 남편의 사업이 어렵게 되

어 경제적인 어려움에 봉착하게 되었다. 그래서 남편과 함께 시장에서 가게를 하는 직업 전선에 나서게 되었는데, 예상하지 못한 장애자녀의 출산으로 남편과 함께 가정의 경제활동과 장애자녀의 양육 가운데서 힘들고 어려운 삶을 살게 되었다.

자녀가 어렸을 때는 자녀의 재활을 위해 이사를 해가면서까지 자녀 양육에 더 많은 에너지를 쏟아 부었다. 아침 일찍 자녀를 특수학교에 보내고 자신은 일터로 나가고 끝날 시간이 되면 다시 자녀를 데리고 와 일터에서 자녀와 함께한 것이었다. 그런데 일터에서 일에 집중하다 보면 자녀가 어느새 가게를 나가버려 자녀를 찾아다닌 경우가 얼마나 많았는지 모른다.

그러한 가운데 자녀는 성장해가고, 자녀의 문제행동은 감당하기 어려울 정도로 심해지는 가운데 가게에 데리고 있으면 손님들이 장애자녀의 행동을 보고 모두 그냥 가버리는 상황 때문에 집에 자녀를 혼자 두고 일터인 가게에 나가 일을 하고 점심때가 되면 잠시 들려 자녀에게 밥을 먹이고 다시 일터로 가는 생활을 하는 가운데서 혼자 집에 남아 외롭게 있는 자녀를 볼 때마다 마음이 아파왔고, 자녀 혼자 있으면서 장애 특성상 무엇이든 변기나 싱크대에 쏟아버리는 행동으로 집안이 엉망이 되어버린 경우가 많았다.

<연구참여자 J>는 자녀의 양육으로 인한 경제활동 병행의 어려움을 '참 힘들게 장사를 했어요', '마음고생을 너무 많이 받았지요'라는 말로 그 당시의 힘겨웠던 상황을 토로하였다.

그래서 이제 ●●에 와 가지고 그렇게 참 힘들게 제가 장사를 했었어요. 장사를 하면서 진짜 마음고생을 너무 많이 받았지요.

〈연구참여자 J, 6〉

<연구참여자 D>는 결혼 후 얼마 되지 않아 남편이 지병으로 일을 할 수 없게 되고, 시댁의 가족들 또한 경제활동을 하지 못했고, 자녀들은 성장해가는 가운데서 가정경제를 위해 일을 하지 않으면 안 되는 상황에 처하게 되었다. 인근의 공장에서 일을 했기에 아침과 저녁에 피곤한 몸으로 자녀를 돌보고 남편을 수발하는 생활을 해야만 하였다. <연구참여자 D>는 이러한 어려운 상황에서 자녀의 시설 입소를 생각하게 되었다.

이제 그때는 우리 시아버지께서도 계시고, 우리 시동생도 있고 다 있었습니다. 아저씨도 사회 활동도 못하고, 벌기는 벌어야 되겠고 아이들은 자꾸 커가고 그래서 제가 이제 나가서 벌어야 일단 먹고 살고 해야 되니까.

〈연구참여자 D, 1〉

내가 매일같이 ○○이를 쳐다볼 수도 없고, 그냥 아침밥 먹이고 아침에 갔다가 저녁에 오고 ○○이를 돌볼 수도 없고……

〈연구참여자 D, 6〉

<연구참여자 I>는 남편과의 이혼으로 가정 경제를 책임져야 하는 상황에서 생업에 종사하게 됨으로써 장애자녀에 대한 지속적인 관심을 가질 수 없어 자녀의 시설 입소를 결정하게 되었다.

생업에 종사하니까 애를 지속적으로 관심을 가지고 봐줄 수 없었고……

〈연구참여자 I, 17〉

⑨ 장애자녀를 위함

연구참여자들은 늘 장애자녀를 위해 무엇이 최선일지 고민하였다. 그러나 장애자녀의 일상생활에 대한 도움 외에 별다른 도움을 줄 수 없음을 알게 되었다. 즉, 자녀를 위해 특별하게 해줄 것이 없었다는 것이었다. 이로 인해 가정보다 좋은 자녀의 의·식·주 환경, 교육, 재활, 안전한 생활을 위해 시설 입소를 결정하게 되었다.

<연구참여자 B>는 자신이 자녀를 위해 해줄 수 있는 것이 먹이고, 입히고, 씻기고, 병원을 데리고 가는 것 외에는 없음을 알게 되었다. 더욱이 자녀의 몸은 자꾸만 경직의 정도가 더해만 가는 상황에서 시설에 입소시키게 되면 가정에서보다 더 양질의 돌봄을 받을 수 있을 것이란 생각에 자녀를 위해 시설 입소를 생각하게 되었다.

○○이도 치료도 받는 것도, 받아도······ 그렇게 되지 않더라고요. 그래서 이제 시설에 입소를 하면은 이제 치료도 받고······

〈연구참여자 B, 2〉

애에게 제가 해줄 수 있는 것이 없더라고 그렇게 집에서는 보호하고, 그냥 먹여주고, 씻기고, 그냥 재워주고, 병원에 데리고 가는 그런 것······ 특별히 해줄 게 없었는데······

〈연구참여자 B, 10〉

먹는 것도, 제가 하는 것은 반찬이 정해져가 있거든요. 그 여러 가지 그렇게 안 하니까. 맨날 했던 뭐 같은 찌개종류······ 먹는 것도 이제 잘 먹을 거고 우리 거기 보다는······

〈연구참여자 B, 18〉

<연구참여자 D>는 집의 구조가 자녀가 생활하기에 불편한 부분이 많아 자녀의 좋은 거주환경을 위해 시설 입소를 결정하였다.

그래 집에 있어도 씻는다 해도 춥고, 촌은 다 그렇지 않습니까? 춥고 그러니까.

〈연구참여자 D, 6〉

자녀의 아픔은 어머니에게 죽음 이상의 고통이다(임은선, 2003). 늘 혼자 남게 되는 자녀를 보며 어머니들은 힘들어하게 된다. <연구참여자 F>는 외출을 나갈 때 자녀를 집에 혼자 둘 수 없어 차에 태워 데리고 나가는 경우 차 안에 혼자 남게 되는 자녀가 힘들고 외로워함을 염려하여 시설 입소를 결정하게 되었다.

어디 가자 이렇게 하면 또 아이를 태워가지고 같이 다니고 했는데, 늘 차에 태워 놓고 저게 얼마나 덥겠나? 이런 생각이 들어 위에다가 망을 치고 또 참 무슨 그 뭡니까? 저 참 천이나 이런 걸 가지고 덮어 가지고 앉혀 놓고 이렇게 했는데 그래도 차 안은 덥지 않습니까? 그래 더워서 그런 염려가 많이 되지요. 예, 이렇게 했는데 참 이러다 보니까……

〈연구참여자 F, 9〉

<연구참여자 H, I>는 시설에서의 교육이 자녀의 발전에 도움이 될 것으로 생각하여 시설 입소를 결정하였다.

좀 나아지라는 이유도 있죠. 아무래도 많은 변화가 있죠. 집에만 있는 것보다 시설에 여러 사람과 지내는…… 이 공동생활이란 것도 사회에 적응…… 그것도 교육이 되죠. 아무래도……

〈연구참여자 H, 5〉

왜냐하면 아이가 정상은 되지 않더라도, 중간 정도는 되도록 해야겠다는 자식에 대한 욕심이 많았다고 생각해요.

〈연구참여자 I, 11〉

<연구참여자 I>는 장애자녀가 딸로, 1급의 지적장애와 간질의

중증·중복장애를 가지고 있으나 신체적으로는 아무 이상이 없어 자녀가 성장하면서 가정에서 생활할 경우, 양육의 한계로 인해 집안에 혼자 남게 되는 경우가 많아 성폭행에 대한 염려 가운데서 시설에서의 보호를 기대하며 자녀의 시설 입소를 결정하게 되었다. 특별히 이러한 측면은 지적장애인 중 딸을 자녀로 둔 어머니들이 경험하는 양육 부담으로 확인되었다.

여성가족부의 상담 통계에 의하면, 장애인을 대상으로 한 성폭력 상담이 2006년 8,979건에서 2007년 9,892건으로, 2008년에는 11,442건으로 증가하였으며 2009년에는 13,792건으로 그 수가 증가하고 있음을 알 수 있다. 특히 지적장애인의 경우는 성폭력을 경험하고도 대부분 그것이 성폭력적 행동인지를 인지하지 못하거나 성폭력을 애정의 표현이라고 말하는 것을 믿기 때문에, 가해자들의 위협이나 협박으로 인해, 그리고 누구에게 말해야 할지 모르기 때문에 성폭력을 경험하고도 드러내지 못한 채 지내게 되는 특성을 가지고 있어(이현혜 외, 2008) 이러한 연구참여자의 마음을 이해하는 데 도움이 되었다.

가장 신경 쓰인 부분이 여자이다 보니까 생리를 하게 되고, 그런 것들이 너무 신경이 쓰였어요. 그래서 마침 좋은 기회가 생겨서 시설에 보낸다고 했어요.
〈연구참여자 I, 14〉

여자니까 생리도 할 것이고, 지적장애인이니까 성에 대해 잘 몰라서 혹시 문제가 생길까봐…… 그런 마음이 가장 큰 동기였어요.
그렇다고 여자아이를 집에다 데려다 놓을 수 없고, 생리하는 것을
수술시킬 수도 없고…… 그것이 동기였어요.

〈연구참여자 I, 17〉

<연구참여자 A>는 자신의 사후에 장애자녀의 양육 부담 가운
데서 다른 자녀에게 양육이 대물림될 경우 형제들로부터 미움을
받을 것을 염려하여 자녀의 시설 입소를 생각하게 되었다. 장애
자녀를 둔 어머니에게 있어 또 하나의 아픔은 비장애인 자녀로
부터 장애자녀가 미움을 받는 것이다. 이는 그래도 가족은 그렇
지 않아야 된다는 의식에서 기인한 것으로 생각된다.

나중에 참 눈치 받는 이런 아이가 되지 않을까 싶어가지고 그런
생각도 하고……

〈연구참여자 A, 3〉

⑩ 문제행동을 인한 양육 어려움

연구참여자들의 11명의 자녀들은 모두 중증·중복장애를 가진
것이 특징이었다. <연구참여자 C, D, E, F, H, J>는 장애자녀의
통제가 어려운 문제행동을 양육에 있어 가장 견디기 어려운 문
제로 토로하였다. 사실 이러한 측면이 다른 여러 가지 양육 부담
의 파생 원인이 되었기 때문이다. 특별히 이러한 자녀의 문제행
동은 주 양육자인 어머니의 정서적인 측면에서 좋지 않은 영향

을 미쳤고, 이웃 간의 갈등의 요인으로 작용하여 정신적인 스트레스의 강도가 가중되었다.

11명의 연구참여자들 가운데 가장 많은 6명의 연구참여자들이 자녀의 문제행동을 인한 양육 부담으로 자녀의 시설 입소를 생각하게 되었다고 구술한 것을 보면 주 양육자인 어머니가 자녀의 문제행동으로 인해 얼마나 큰 어려움을 겪게 되었는지 그리고 공통된 주 양육의 어려움이 무엇인지 알 수 있었다.

<연구참여자 C>는 언어적인 지시로 자녀의 부적절한 문제행동들이 통제가 되지 않는 상황에서 많은 어려움을 겪었으며 지체장애인을 부러워했다. 자녀가 성장과 함께 체력이 좋아지면서 무거운 것을 들어주는 등 어머니가 힘든 일을 할 때 도움을 주기도 하였으나 그 외에는 잠시도 가만있지 않고 산만하게 행동하는 자녀의 문제행동으로 양육에 어려움을 겪어 자녀의 시설 입소를 결정하였다. <연구참여자 C>는 '집에서 가만히 앉아 TV만 보고 있어도 내 거기 보내지 않지요'라는 말로 자녀의 문제행동으로 인한 양육이 어려웠음을 토로하였다.

그 내가 볼 때는 아이가 좀 집에 있으면 난리 장판입니다. 그냥 이 방 쓸고 저 방 쓸고, 불고 닦고 엉덩이를 땅에 안 대고 있고……

〈연구참여자 C, 11〉

우리 ○○는 그냥, 가만있지 않으니까 그렇지! 그게 병이라! 우리 ○○이는 맞습니다. 병이 다른 게 아니고 그렇지 않으면 나를 따라 다니면서 그냥…… 집에서 가만히 앉아 TV만 보고 있어도 내 거기 보내지 않지요. 너무 엉덩이를 땅에 대지 않으니까. 사람을 귀찮게 하니까. 그래서 그것만 아니면 내가 데리고 있지요. 진짜로 그렇지……

〈연구참여자 C, 30〉

<연구참여자 D, F>는 자녀가 얼마나 행동이 빠른지 어느새 집을 나가버리는 문제행동으로 잃어버린 자녀를 찾기 위해 온 가족과 함께 많은 고생을 하였고 그때마다 이웃과 경찰의 도움을 받아 자녀를 찾을 수 있었다.

특히 <연구참여자 F>은 잦은 가출의 문제행동으로 늘 자녀가 집을 나가지나 않을까 하는 염려로 마음이 편하지 않았고, 한 번은 자녀를 잃어버려 이제 찾지 못할 것만 같은 상황에서 자녀를 찾아 헤매다 자전거 하이킹을 하던 사람을 만나 극적으로 자녀를 찾게 되는 마음 아픈 경험을 하기도 하였다. 이렇게 <연구참여자 D, F>는 자녀가 집을 자주 나가 잃어버리는 양육의 어려움으로 시설 입소를 생각하게 된 것이었다.

아이가 없어져가지고 또 잃어버려가지고 또 ●● 거기서 파출소에 신고를 하고 난리가 나고 그래가지고 어떻게 아이를 찾았어요. 파출소에 신고를 하니까 아이가 있다고 그래가지고 아이를 찾

아가지고 그래가지고 이제 도저히 되지 않아 가지고 안 될 것 같
아서……

〈연구참여자 D, 4〉

그렇지 않으면 가만있다가 없어져 버리면, 또 이렇게 놀고 이렇
게 하기는 하는데 혹시나 어디 나갈까 싶어가지고 그게 걱정이지요.

〈연구참여자 F, 4〉

<연구참여자 E>는 작은 집에서 크게 소리를 지르고 음악을 크
게 틀어놓는 등의 문제행동으로 함께 거주하는 가족들이 장애자
녀의 이러한 행동으로 매우 큰 스트레스를 경험하게 되었다. <연
구참여자 E>는 '미쳐버려요, 미쳐'라는 표현으로 이러한 어려움
을 토로하였다.

음악 틀어놓고 그렇게 하면 그 이제 소리를 최고로 크게 해놓은
그 상태에서는 한 집에 못 있어요. 비장애인이 미쳐요. 미쳐 그거
이 한 공간에서 음악, TV, 자기 소리까지 웍웍웍 이 소리까지 다
들어야 되면 미쳐버려요.

〈연구참여자 E, 11〉

<연구참여자 H>의 장애자녀는 고등학교 때부터 특정 물건에
집착하고 외출 시 혼자 뛰어가는 등의 문제행동이 잦아졌다. 특
히 특정 물건에 집착하는 행동으로 인한 양육의 어려움으로 자

녀를 시설에 입소시키게 되었다.

　　고등학교 다닐 때부터 밖에 외출하는 게 힘들었어요. 엄마랑 같
이 걸어가면 되는데 무조건 뛰어가요. 그리고 밖에 가면 얘랑 어
디 놀러가고 싶어도 가게에만 집착을 하더라고요. 그리고 빨리 집
에 가자고 하고…… 가게 가면서 새우깡을 한두 개만 사면 문제가
아닌데, 새우깡 진열해놓은 것을 다 들고 오려고 하고…… 그 문
제 때문에 집에서 데리고 있기 힘들고 시설에 맡기게 되었어요.
　　　　　　　　　　　　　　　　　　　　　〈연구참여자 H, 1〉

　　〈연구참여자 J〉는 모든 것을 변기통에 버리는 문제행동이 자
녀를 시설에 입소시킨 하나의 이유가 되었다.

　　하루는 곶감도 먹으라고 방에 가져다 두었더니 먹다가, 먹다가
자기가 배가 부르니까 다 찢어가지고 무조건 변기통에 다 가져다
넣는 거예요. 이래가지고 이제 그래 제가 되지 않겠더라고요.
　　　　　　　　　　　　　　　　　　　　　〈연구참여자 J, 6〉

　　〈연구참여자 C, E〉는 장애자녀와 장애자녀의 문제행동으로
인한 이웃 간의 갈등으로 자녀의 시설 입소를 결정하게 되었다.
〈연구참여자 C〉는 자녀가 장애를 가졌다는 이유만으로 이웃에
서 어떤 일만 발생하면 자신의 자녀가 한 일로 단정하고 찾아오
는 일이 빈번하여 억울한 마음이 든 것이 한두 번이 아니었고 이

로 인해 자녀의 시설 입소를 결정하게 되었다.

(울먹) 아…… 가장 큰 이유가요? 아이가 저렇게 집에 있으니까. 예를 들어 조금 전 우리 아이는 그렇게 하지 않았는데, 다른 곳에 있다가 와도 오해받는 소리를 듣는 거예요. 오해받는 소리를 듣기 때문에 보내……

〈연구참여자 C, 12〉

<연구참여자 E>는 아파트에 거주하였는데, 장애인을 자녀를 둔 경우에는 아파트 거주가 매우 어려움을 토로하였다. 이는 이웃 주민의 생활에 피해를 줄 수 있기 때문이었고 실제 잦은 갈등을 겪었다. 최근의 사회문제 중 하나가 아파트의 층간 소음 문제로 인한 이웃 간의 갈등이다. 이로 인해 이웃 간에 폭력 및 살인사건 등이 발생하고 있어 이러한 측면에서 아파트라는 거주 환경에서 통제가 어려울 정도의 문제행동을 하는 장애자녀 양육의 어려움과 이웃과의 갈등을 이해하는 데 도움이 되었다.

진짜 산에서 천막을 쳐 놓고 살 수도 없고 뭐 그러다 보니까 같이 접하면서 살아야 되는데 아파트라는 그 공간이 좋을 수도 있겠지만 장애자 키우는 데는 악조건이에요. 큰 소리를 지르고 억억하고, 행동을 이렇게 날마다 쉬지 않고 흔들고 이렇게 하다보니까 7층에서도 올라오고 시끄럽다고 쿵쿵 한 번씩 뛰거든요. 그러니까는 뭘 그렇게 뛰느냐고? 이런 애들은 또 잠이 없더라고요. 잠깐

자고 또 일어나고 새벽부터 음악을 틀어놓는 거예요. 그러다 보면 옆집에는 잠을 고이 자는데 음악, 그것이 얼마나 또 크게 들려요? 그러니까 그런 것들이 참 애로점이 많았어요.

〈연구차여자 E, 7〉

'양육 부담 속에서 발버둥치기'는 연구참여자들의 시설에 대한 불신의 벽을 뛰어넘는, 자녀를 시설에 입소시키게 된 이유에 관한 서술 내용이었다. 즉, 무엇이 연구참여자들로 하여금 분신과도 같은 자신의 자녀를 시설이라는 곳에 입소시키게 한 것일까에 대한 당사자들의 진솔한 마음을 담은 내용인 것이다.

지금도 우리 사회의 문제 가운데 하나는 장애인 가족의 극단적인 선택인 '동반자살'이다. 이들은 연구참여자들이 서술한 내용 중 장애자녀 양육 부담으로 경제활동을 하지 못해 빈곤한 생활 가운데 돌이킬 수 없는 비극적인 선택으로 생을 마감한 경우들이었다. 지난 2008년 10월 민주노동당 곽정순 의원이 국정감사에 제출한 자료에 의하면 2008년을 기준으로 '지난 5년간 장애인가족 자살, 언론에 노출된 것만 15건'이란 자료(민주노동당, 2013)를 통해 알 수 있듯이 장애인 가족으로서의 삶이 얼마나 고달픈가를 말해주고 있다고 할 것이다.

연구참여자들과 그 가족들은 비장애인 가족들의 어머니들과 가족들이 경험할 수 없는 고통과 어려움을 안고 살아가고 있었다. 연구참여자들은 이러한 어려움들을 10여 년 이상 자신들만의 문제로, 자신들이 풀어가야 할 과제로 여기며 살아오다 결국 양육의 한계로 견디다 못해 모든 가족의 지극히 평범한 삶을 위해 자신의 분신과 같은 장애자녀의 시설 입소를 결정하게 되었다.

연구참여자들이 자신의 자녀를 시설에 입소시켜야만 했던 이유들은 곧 우리 사회가 장애인 가족 지원을 위해 함께 고민하며 풀어가야 할 것들이라고 생각하며 당사자들의 입장에서 좀 더 피부에 와 닿는 장애인 가족지원 정책을 만들어가야 할 것이라 생각된다.

2) 동의 혹은 반대에 부딪치기

두 번째 시설 입소 전 어머니의 경험은 <동의 혹은 반대에 부딪치기>로 자녀의 시설 입소를 결정한 연구참여자들이 가족에게 이러한 생각을 알리고 가족들의 동의를 구하는 과정을 서술한 내용이다. 연구참여자들은 주 양육자로 있었고, 자신의 자녀를 낳은 당사자 곧 어머니로서 이러한 결정을 먼저 할 수 있었던 것으로 생각된다.

그러나 이러한 결정을 하고 가족들에게 말하기까지는 많은 고민의 시간을 가졌었다. 그러한 고민은 시설에 대한 불신과 양육부담의 힘겹고 어려운 고난의 삶 가운데서도 분신과 같은 자녀와 어머니로서의 책임감으로 인한 갈등 때문이었다. 연구참여자들은 자녀의 시설 입소를 반대하는 가족들에게는 모든 가족을 위한 최선의 선택이 시설 입소임을 이야기하였다. 하위구성요소로는 '시설 입소 결정에 대해 가족의 동의를 얻음', '시설 입소 결정에 대해 가족의 반대 이해시키기 또는 거부하기와 마주함'의 두 가지로 이루어져 있다.

(1) 시설 입소 결정에 대해 가족의 동의를 얻음

자녀의 양육은 가족의 전통적인 기본 기능이지만 대부분의 사회는 가족 구성원 중에서도 여성인 어머니에게 그 자녀의 양육에 관한 일차적인 책임을 부여하고 있고, 특히 한국 사회에서는 전통적으로 자녀의 양육은 가족 중에서도 어머니의 역할과 임무로써 부여되어 왔으며, 현대에 이르러서도 외형적으로는 핵가족화, 가족주기의 변화 등 산업사회에 맞는 유형으로 변화되고 있으나 아동의 양육과 건강관리는 기본적으로 여성의 역할로 인지되고 있으며, 또한 여성에 의해서 행해지고 있고(박은숙, 1996), 이러한 어머니가 지닌 자녀의 양육책임은 장애자녀를 둔 어머니에게도 그대로 적용되고 있다(박수경, 2006; 김진우, 2008).

연구참여자들은 장애자녀의 주 양육자였다. 이러한 이유로 연구참여자들이 자녀의 시설 입소 결정에 주된 역할을 할 수밖에 없었다. 연구참여자들은 자신의 시설 입소 결정을 가족들에게 이야기하였고, 가족들은 10여 년 이상 자녀의 주 양육자로 살아온 어머니의 시설 입소 결정에 대한 생각에 대부분 따르거나 양육에 큰 도움이 되지 못했기에 먼저 시설 입소를 말하지는 못했지만 내심 먼저 어머니가 시설 입소 결정을 해주길 바라고 있었기에 연구참여자들의 시설 입소 결정에 동의하였다.

① 주 양육자인 어머니의 시설 입소를 결정에 동의함

<연구참여자 A>는 자녀를 시설에 입소시키기 전까지 주 양육자로 살아왔다. 그래서 장애자녀 또한 말도 못하고 몸도 제대로 가누지 못하지만 생각은 할 수 있기에 아빠와 오빠와는 한 번 눈을 맞추어주는 정도이지 장애자녀에게는 오직 엄마뿐이었다. 이러한 가운데서 <연구참여자 A>가 가족들에게 시설 입소 결정을 이야기했을 때 양육의 구경꾼으로 있었던 가족들은 주 양육자인 어머니의 시설 입소 결정에 별다른 의견을 제시하지 않고 동의하였다.

내가 그렇게 하겠다고 하니까 그렇게 하라고 하더라고요. 내가 그렇게 하겠다는데 자기들이 뭐 말리겠습니까? 그렇게 하면 자기네들은 아, 조금 편하겠구나 이렇게 생각을 했을 겁니다.

〈연구참여자 A, 8〉

<연구참여자 G>의 남편의 경우도 지병으로 양육에 있어 큰 힘이 되어주지 못했기에 자녀의 시설 입소 결정에 뭐라 할 말이 없었다. 다만, 모든 가족의 무거운 짐으로 남아 있었기에 주 양육자인 자신의 아내가 먼저 자녀의 시설 입소를 결정해 주기를 바라고 있었다.

엄마만 좋다면 다른 사람은 다 반대하는 사람은 없었지요. 자기 아버지도 그렇고 내 생각 때문에 자기들은 말을 못한 거지요. 보내라는 말을 못하게 된 거지……

〈연구참여자 G, 4〉

② 시설 입소의 필요성을 공감함

한 가정에 장애를 가진 구성원이 있으면 장애인 가족 구성원으로 인해 주 양육자인 어머니뿐만 아니라 다른 가족들도 장애인 가족의 양육에 대한 부담과 스트레스를 받게 된다(김현희, 2003). 시설 입소의 필요성에 공감함을 통한 기술에서 연구참여자들과 같이 다른 가족들도 장애자녀나 장애인 가족 양육의 어려움으로 인한 영향권 안에 있었기에 시설 입소를 선택하는 것이 모든 가족을 위한 최선의 선택으로 공감하여 연구참여자의 시설 입소 결정에 동의하였다. <연구참여자 D>는 자신이 가정경제를 책임지고 있어 시어머니가 주간에 주 양육자로 있는 상황에서 매우 큰 어려움을 겪고 있었다. 이로 인해 시어머니는 누구보다도 연구참여자의 시설 입소 결정에 공감하고 있었다.

그래서 우리 아저씨랑 어머니에게 얘길 했습니다. 하니까 어쩔수…… 우리가 데리고 있는 것보다는 보내는 것이 마음은 아파도 보내는 것이 낫지 않겠나 이렇게 말하더라고요.

〈연구참여자 D, 7〉

<연구참여자 K>의 남편은 연구참여자인 아내가 자녀와 시아버지를 함께 양육하고 봉양해야 하는 가운데서 겪고 있는 어려움을 누구보다 잘 알고 있었기에 연구참여자의 시설 입소 결정에 공감하였다.

> 그래서 애 아빠하고 의논을 해보니 보내자고 하더라고요.
>
> 〈연구참여자 K, 4〉

<연구참여자 J>는 아빠와 함께 가게를 꾸려나갔으나 아빠가 사업의 중심에 서 있어 자녀의 양육과 가정을 소홀히 할 수밖에 없는 상황으로 주 양육자인 어머니가 시설 입소 결정을 해주길 바랐고 잘한 결정으로 생각하였다.

> 제가 이제 하다하다 방법이 없으니까 보낸다고 그랬으니까 아빠는 잘한 결정이라고 그렇게 생각을 하지 않았을까 그런 생각을 해요.
>
> 〈연구참여자 J, 12〉

(2) 시설 입소 결정에 대해 가족의 반대 이해시키기 또는 거부하기와
    마주함

연구참여자들은 가족들의 시설 입소 반대 의견에 대해 시설에 입소시켜야만 하는 이유를 설명하고 가족들을 이해시켰다. 이해를 구한 내용은 연구참여자들에게 양육의 어려움이

극에 달하였음을 가족들에게 이해시킨 것이었고 가족들은 연구
참여자의 시설 입소 결정 이유를 듣고 시설 입소에 동의하였다.

① 시설 입소가 최선임을 이해시킴

<연구참여자 B>의 장애자녀의 동생은 어린 나이로 형의 시설
입소에 대한 엄마의 생각을 이해하지 못했다. 가족이며 형제이기
에 같이 살아야 한다는 생각과 형제애로 인해 형과 헤어져 살아
야 한다는 사실로 마음이 아팠기 때문이었다. 남편의 경우도 자
녀의 시설 입소에 대한 연구참여자의 의견에 반대하였다. 그러나
연구참여자가 자녀를 시설에 보내야만 하는 이유를 설명하자 가
족들도 연구참여자의 시설 입소 결정에 동의하였다.

> 동생은 왜 형을 보내느냐고 그랬었는데…… 어떻게 할 수가 없
> 다. 응? 바다도 나가야 되고, 그러니까 그렇게 된다고…… ○○
> 이 아빠도 처음에는 보내자 하니까 보내지 말라고 막 그렇게 했습
> 니다만, 안 보내면 ○○이 아빠가 다른 직장을 잡아서 일을 해야
> 되는데, 촌에 여기 바다만 보고 있는 사람이 혼자선 일을 못하니
> 까요. 그 둘이 일을 해야 되니까 ○○이로 보내자니까 아무 소리
> 안 하고……
>
> 〈연구참여자 B, 21〉

<연구참여자 I>도 남편과 쌍둥이 자녀인 오빠가 자녀와 여동
생에 대한 가족이라는 정으로 인해 연구참여자의 시설 입소 결

정에 반대하였다. 그러나 연구참여자가 시설에 입소할 수밖에 없는 경제적인 면과 딸아이로 인한 양육 부담 등의 상황을 설명하자 가족들도 연구참여자의 의견에 동의하였다.

처음에는 강하게 거절을 했어요. 애를 여기에 맡겨놓는다고, 그런 현실을 직시해야지…… 당신도 저렇게 안 하는데, 내가 해야 하지 않느냐? ○○○ 애를 생각해라! 제가 그렇게 얘기를 했죠. 그러니까 이제 본인도 서서히 받아들이더라고요.

〈연구참여자 I, 16〉

우리 아들은 말은 안 하는데 쌍둥이잖아요. 그 당기는 핏줄이 있더라고요. 그게 묘하더라고요. 제가 부모라서 그렇게 생각하는지는 몰라도 우리 아들이 마음이 여려요. 동생을 보낸다고 하니까 표현은 안 하는데 울어요. "엄마, ○○이 하고 거기 갈 수밖에 없다. 엄마가 언제까지 ○○이를 쫓아다닐 수 없다. ○○아, 왜 ○○이를 보내는지 알겠니? ○○이도 여자야. 너도 못 돌봐주는데 ○○이 같이 장애를 가진 아이들은 자기 좋다고 하면 아무나 따라가. 그리고 ○○이는 생리를 해. ○○아 너도 못 돌봐주고 이런 험악한 세상에…… 뉴스 봤지? 그러니까 이렇게 할 수밖에 없어……"

〈연구참여자 I, 18〉

주 양육자인 어머니가 자녀의 시설 입소 결정에 가장 큰 영향력을 미치고 그 결과 가족들은 어머니의 이러한 결정에 따르거나 공감하게 되었다. 그리고 장애자녀의 양육의 어려움은 모든 가족의 고통과 버거움으로 시설 입소 외에 다른 길이 없음으로 귀결됨을 알 수 있었다.

② 자기의 일은 자기가 결정함

사회복지의 기본 가치 중 하나는 자기결정권이다. 대부분의 연구참여자들의 장애자녀는 자신의 시설 입소에 대한 의견을 제시할 수 없을 정도의 중증·중복의 장애를 가지고 있어 가족들의 시설 입소 결정에 의해 시설에 입소한 경우였다. 그러나 그렇지 않은 경우에는 자신의 의사를 표현하고 자기의 선택에 의해 시설 입소를 결정하게 되었다.

<연구참여자 G>의 자녀의 경우에는 자신의 의사를 말할 수 있어 연구참여자의 시설 입소 결정에 대해 거부의사를 밝혔다가 선 시설 입소자의 보호자로부터 시설 입소 후 자신의 자녀가 재활치료 등을 통해 많이 좋아졌다는 얘기를 듣고 스스로 시설 입소를 결정하였다. <연구참여자 G>의 자녀는 연구자와 연구참여자의 인터뷰 중에도 두 차례나 어머니인 연구참여자에게 휴대폰으로 연락을 하여 보고 싶으니 언제 올 것인지? 고기가 먹고 싶다는 등의 내용으로 전화를 걸어오기도 하였다.

그 아이가 말은 알아듣거든요. 알아듣게 아무리 이야기해도 가지 않겠다는 거예요. 자기는 가지 않겠다고 하더라고 그래 가지

않겠다고 하더니, 어느 날 우리 동네 저 밑에 사는 사람이, ●● 에 있는 사람이 그 아이를 보냈다고 우리 아이는 거기 보냈더니 많이 좋아졌다고 물리치료도 해주고 많이 좋아졌다 이렇게 하니까 이 아이가 듣고 자기도 거기 간다는 겁니다. 자기도 이제 좀 나을 수 있다고 생각해서 그런지…… 그런 모양이더라고요.

〈연구참여자 G, 1〉

시설 입소 결정에 있어 주 양육자인 연구참여자들과 그의 가족들의 역할이 매우 큰 비중을 차지하고 있었다. 이로 인해 다른 가족들은 연구참여자들의 의견에 다른 의견을 제시하지 않거나 동의하고, 반대했던 경우에도 연구참여자들로부터 시설에 입소시켜야 하는 이유를 듣고 이해하고 동의하게 되었다.

이는 크게 세 가지 의미를 내포하고 있는데 먼저는 주 양육자에게 매우 높은 시설 입소 결정권이 있음을 보여주며, 다음은 입소 당사자들은 자기결정권을 주장하지 못할 정도의 중증의 장애를 가진 이들이었다는 것이다. 그리고 시설 입소에 있어 자기주장을 확실하게 할 수 있는 경우에는 입소 결정권이 자녀인 당사자에게 있음을 알 수 있었다.

한국장애인복지시설실태조사에 의하면 거주시설의 경우, 시설 입소 동기에 있어 행정기관의뢰 48.2%, 부모의뢰 31.5%, 친척의뢰 5.9%, 본인선택 3.6%로 나타나(백은령 외, 2011) 본 연구결과를 이해하는 데 도움이 되었다. 본 연구에서는 11명의 시설 입소 장애인 중 단 1명만이 시설 입소 결정을 스스로 한 것으로 나타났고 나머지 10명은 부모의뢰로 되어졌음을 알 수 있었기 때문이다.

3) 좋은 시설을 찾기 위해 고민하기

시설 입소 전 연구참여자들의 세 번째 경험은 <좋은 시설을 찾기 위해 고민하기>였다. 연구참여자들은 시설에서의 인권침해 사건들과 단체거주로 인한 돌봄의 질 등의 문제로 시설에 대한 불신 가운데 자녀의 시설 입소의 필요성은 기정사실이나 쉽게 시설 입소 결정을 내리지 못했다. 그러나 이러한 시설에 대한 불신 속에서도 장애자녀의 문제행동으로 인한 양육의 어려움과 어머니 자신의 노화와 사후의 양육에 대한 염려 등으로 시설 입소를 결정을 하게 되었다(차혜정, 2008; 최선경, 2008).

<좋은 시설을 찾기 위해 고민하기>는 이러한 시설에 대한 불신과 양육 부담 가운데 자녀의 시설 입소를 결정하고 자녀를 입소시킬 시설을 찾는 경험을 서술한 내용으로 하위구성요소는 '여기저기 알아보기', '믿고 맡길 수 있는 시설 찾기'의 두 가지로 이루어져 있다.

(1) 여기저기 알아보기

연구참여자들은 자녀의 시설 입소를 가족들과 결정한 후 자녀가 거주하기에 좋은 시설을 찾기 위해 고민하고 노력하게 되었다. 어느 곳에 있는 시설이 자녀에게 좋을지 고민하며 여러 곳을 찾아다니고, 여러 채널을 통해 시설에 대한 정보를 얻고자 한 것이다.

① 입소시킬 좋은 시설을 찾기 위해 노력함

<연구참여자 A, D>는 좋은 시설을 찾아 인접 지역의 여러 곳의 시설을 찾아다녔다. 그러나 좋은 시설의 충분조건은 한 가지가 아니기에 시설만 알아보고 자녀를 입소시킬 시설로는 선택하지 않았다.

> 처음에는 ●●로 저기 ●●도 ●●●로 온 대로……
>
> 〈연구참여자 A, 25〉

> 우리 ○○이를 이제 데리고 있다가 이제 내가 ●●에도 이렇게 몇 군데 알아보고 이리저리 알아봤어요. 그래서 내가 ●●은 너무 멀고……
>
> 〈연구참여자 D, 4〉

<연구참여자 J>는 자녀가 행복하게 지낼 수 있는 시설이 어디에 있을까 하는 것이 고민의 대부분이었고 현재 입소하고 있는 시설의 선택이 참 좋은 선택이었다고 생각하고 있었다.

그래서 제가 아, ○○이가 도대체 있을 곳이 어디고? 우리 ○
○이를 어디다가 보내야 좀 자기가 행복하게 지낼 수 있을까? 그
런 고민을 제가 참, 늘 제가 고민이 그거였거든요.

〈연구참여자 J, 11〉

② 여러 채널을 통해 시설을 찾음

연구참여자들은 자녀를 시설에 입소시키기 전 좋은 시설을 찾
기 위해 여러 채널을 활용했다. <연구참여자 D>는 행정을 통해
서, <연구참여자 G>는 선 시설 입소 보호자로부터, <연구참여자
J>는 아는 지인들을 통해 여러 곳을 수소문해서, <연구참여자
K>는 학교의 특수반 선생님을 통해 시설을 소개받게 되었다.

그래서 ●●군에 저리 알아보니까 여기 ●●에도 그 ⑪⑪⑪⑪
을 짓는다더라 그러더라고. 군에 알아보니까 지으니까 아주머니
조금만 기다렸다가 짓고 나면 그때 보내세요. 그러더라고, 그래
요? 하면서 그래서 기다리고 있다가 우리 ○○이가 그때 스무 살
인가 그때 보냈어요.

〈연구참여자 D, 4〉

여기 ●●에서 보낸 사람이 있었어요. 그래가지고 신청을 하면
된다고 이야기해서 그래서 신청을 했는데 신청을 해가지고……

〈연구참여자 G, 2〉

그래서 수소문해 가지고 이제 아는 사람들 이렇게 통해가지고 간 곳이 지금 원장님이 그때 ●●에 저것을 하신 거예요. 거기를 이제 제가 찾아간 거예요.

〈연구참여자 J, 6〉

선생님한테 들어서 알고 있었어요. ○○○선생님이었던가? 그 분이 말을 잘 해주시더라고요. 그런 곳이 있다고 이야기해서……그때 같이 왔었거든요.

〈연구참여자 K, 3〉

연구참여자들은 자녀를 좋은 시설에 입소시키기 위해 여러 채널을 활용한 것으로 나타났는데, <연구참여자 D>를 제외하고는 지인 등의 사람들을 통해 시설을 소개받아 연구참여자들이 시설과 직접 접촉하여 입소 여부를 결정한 것으로 나타나 시·군·구는 사후 행정조치만 취하고 있어 시설 입소가 불필요한 자의 입소를 사전에 차단하지 못하고, 중증에 대해서는 기피하는 현상이 발생할 것이라는 연구결과(행동하는 의사회, 2013)가 이러한 사실을 이해하는 데 도움이 되었다.

(2) 믿고 맡길 수 있는 시설 찾기

좋은 시설을 찾기 위해 노력한 연구참여자들은 그 과정에서 정말 자녀를 믿고 입소시킬 수 있는 시설을 선택하기 위한 노력을 아끼지 않았다. 이러한 연구참여자들의 노력은 시설에 대한 그동안의 불신과 모정에 기인한 것으로 생각된다. 그리고 모든 연구참여자들은 자신의 자녀가 시설에서보다 나은 삶을 살아가기를 바라고 있다. 그러나 그렇지 못할 경우에는 마음에 큰 상처를 경험하게 된다.

① 시설에 대한 불만족으로 퇴소시킴

<연구참여자 C, H>는 현재 자녀가 거주하고 있는 시설을 선택하기 전 정신병원과 다른 시설에 입소시킨 경험이 있었는데, 병원과 시설에서의 서비스 불만족으로 퇴원 및 퇴소를 시키고 믿음이 가고 믿을 수 있는 새로운 시설을 선택하게 되었다.

<연구참여자 C>는 정신병원에서 정신장애인이 아닌 자신의 자녀에게 약을 먹여 자신의 자녀가 약에 취한 상태로 있는 것을 확인하고 바로 퇴원을 시켜 집으로 데리고 오게 되었으며 <연구참여자 H>도 시설에 입소시킨 자녀에게서 동일한 경험을 하고 자녀를 퇴소시켜 현재의 시설에 입소시키게 되었다.

정신과에 입원시켜 놓으니까 한 번은 며칠 만에 내가 가보니까. 아이를 정신과에다 가두어 두었더라고 그래서 내가 집에 데리고 오니까 어찌나 마음이 좋지 않은지, 정신 이상자가 아닌 아이를 약을 먹여가지고…… 그래서 내가 데리고 나왔지. 그래서 데려다 주지 않은 겁니다. 데려다주지 않고……

〈연구참여자 C, 14〉

●●도에 있을 때는 안 좋게 생각했거든요. 약 먹여놓고 잠재우고(웃음)…… 보면 약에 취해 있더라고요. 보러 가면 눈동자가 약에 취해서 흐려지고, 졸린 눈을 하고 있고 그리고 애가 움직이질 않으니까 애가 약해요. 다리에 힘이 없어요. 그게 있더라고요.

〈연구참여자 H, 4〉

② 자주 들러볼 수 있는 가까운 시설을 선택함

연구참여자들은 자녀를 위한 믿음이 가는 좋은 시설로 집과 가까이에 있어 자주 들러볼 수 있는 시설을 선택하였다. 집과 가까이에 있어 자주 찾아가 볼 수 있어 자녀가 시설에서 잘 거주하고 있는지 확인할 수 있다고 생각했기 때문이었다. 그리고 연구참여자들이 자녀가 보고 싶을 때는 언제든지 찾아가 볼 수 있어 그리움을 달래고 그래도 가까이에 두고 있다는 점을 통해 마음의 위안을 삼을 수 있었기 때문이기도 하였다.

또한 시설의 이미지나 청결함 등도 연구참여자들에게 믿음이 가는 좋은 시설 선택의 요인이 되었음을 알 수 있었다. <연구참여자 A, D, H, I, J, K>는 믿음이 가고 믿을 수 있는 좋은 시설로 자주 들러볼 수 있는 가까운 시설을 선택하였다.

그러나 전국 장애인복지시설 실태조사(백은령, 2011)에서는 시설 장애인 가족에 대한 가족 참여나 방문 횟수를 조사한 결과, 없음이 전체 중 43.2%, 연 1회 미만~시설 이용 후 1회가 14.9%, 분기 1회 이상~월 1회 미만이 13.2%, 연 1회 이상~분기 1회 미만이 19%, 월 1회 이상이 9.7%로 나타나 믿을 수 있는 시설로 자주 들러볼 수 있는 가까운 시설을 선택한 결과와는 다르게 나타남을 알 수 있었다.

> 그렇게 하다가 그만 가까운 데 있으면 내가 자기를 자주 보겠지 싶어가지고 가까운 이리로 선택을 했습니다.
>
> 〈연구참여자 A, 4〉

> 바로 옆이고 하니까 내가 먼 데면 모르지만 가까운 데 있으니까 우리가 눈으로 볼 수 있으니까 더 낳을 거다 그러시더라고요. 그래서 보내기로 했습니다.
>
> 〈연구참여자 D, 7〉

> 아빠가 여기가 맘에 든대요. 여기가 애 아빠 고향이니까…… 그리고 또 명절 때 어머님 보러 내려오고 여기도 들리고 오고가는 게 좋다고 얘기하더라고요.
>
> 〈연구참여자 H, 3〉

> ⑪⑪⑪⑪ 간판 자체도 마음에 들었어요. 좋아요. 너무 멀지도 않고 좋아요.
>
> 〈연구참여자 I, 20〉

> ○○이 엄마는 ○○이를 어지간하면 가까이 두고 싶어 한다. 자기가 좀 볼 수 있는데, 그래가지고 다시 ○○ 원장님에게로 이제 장애자 시설을 준공을 하는데 ○○이 어머니 1순위로 ○○이

로 했으니까 보내보시는 게 어떻겠습니까? 그러면서 ●●에서 연락이 왔더라고요. 그래서 이제 그래가지고 사모님이 이제 여기 준공도 하고 새로운 시설이 있으니까 아마 ○○이한테는 좋을 겁니다. 그리고 ○○이 엄마가 첫째는 자주 보길 원하고 거리가 가까우니까……

〈연구참여자 J, 8〉

처음에 왔을 때도 깨끗하고 좋았고 집도 가까웠고 선생님들도 좋아 보여서 처음부터 저는 마음에 들었습니다. 지금도 그렇고……

〈연구참여자 K, 3〉

네, 아무래도 가깝고 깨끗하고…… 그냥 자주 와서 볼 생각으로 그런데 그게 또 마음대로 안 되네요.

〈연구참여자 K, 6〉

③ 자녀와 장애의 정도가 비슷한 이들이 거주하고 있는 시설을 선택함

연구참여자들은 자녀를 위한 믿음이 가는 좋은 시설로 자신이 평소에 잘 알고 있는 시설을 선택하였다. 그 이유는 자녀가 시설에 적응을 잘 할 수 있을 것이라는 생각에서였다. 그리고 자신의 자녀와 장애의 정도가 비슷한 장애인들이 거주하는 시설을 선택하였다. 이는 연구참여자들이 자신의 장애자녀의 장애보다 심한 장애를 가지고 있는 거주인들이 있는 시설은 보내고 싶어 하지 않았기 때문이었다.

<연구참여자 C>는 주간보호시설에서 거주시설로 전환되어 운영되는 시설에 자녀를 입소시킨 경우로 거주시설 입소 이전에 주간보호를 통해 서비스를 지원받아 시설에 함께 거주하게 될 장애인들을 알고 있어 믿을 수 있는 좋은 시설로 선택하였다.

> 이제 주간보호할 때, 그때 이제 조금 보내고 그 뒤로는 이제 그래서 내가 보내는 것이, 우리 ○○는 그래도 그때 ●●에 있을 때부터 낯이 익었기 때문에 또 같은 아이들이니까 어렵지 않고 그것을 하지 않겠다 싶어서 내가 보낸 거지요. 낯도 익고. 응……
>
> 〈연구참여자 C, 31〉

<연구참여자 I>는 같은 지역에 두 개의 거주시설이 있었는데, 먼저 알고 있던 시설은 1급의 중증장애인들이 거주하고 있는 시설이어서 보내지 않다가 뒤늦게 하나의 시설이 더 있는 것을 알고 자신의 자녀와 장애 정도가 비슷한 이들이 거주하고 있어 믿음이 가는 좋은 시설로 선택하였다.

> 그런데 ⓤⓛⓛⓛ은 보내기 싫더라고요. 거기는 완전 1급 장애인들이 있고 그나마 우리 ○○이는 조금 나은데…… 거기에 보내고 싶진 않더라고요. 그런데 뒤늦게 이런 곳이 있다 해서…… 여기가 그런 사람들을 받는 곳이다 해서 흔쾌히 여기를 선택한 거죠.
>
> 〈연구참여자 I, 20〉

연구참여자들은 비록 장애자녀의 양육으로 인해 힘겹고 어려운 삶을 살았으나 시설에 입소시키기로 한 다음에는 믿을 수 있는 좋은 시설을 찾기 위해 온갖 노력을 다하는 것을 볼 수 있었다. 이것은 다름 아닌 그 무엇으로도 끊을 수 없는 자녀를 향한 사랑으로 인함이었다. 연구참여자들의 믿음이 가는 좋은 시설을 찾고자 하는 욕구는 모두 '의지'로 표현할 수 있을 만큼 강했다. 불가피한 상황 속에서 시설 입소를 결정하였으나 시설에 대한 불신과 모정으로 인해 자주 들러볼 수 있고, 자녀의 시설 적응과 보다 나은 삶을 위해 낯익고 가까운 시설을 선택한 것을 알 수 있었다.

3. 시설 입소 시 어머니의 경험

1) 시설 입소 절차와 갈등 헤쳐 나가기

<시설 입소 절차와 갈등 헤쳐 나가기>는 자녀를 시설에 입소시킨 연구참여자들이 자녀의 시설 입소를 위해 행정적인 절차를 밟고 입소 결정 통보를 받은 이후에 겪은 경험에 관한 서술이다.

자신이 낳은 자녀의 예상치 못한 장애로 큰 충격을 경험한 어머니는 자신의 분신과 같은 자녀를 양육함에 있어 많은 고통과 어려움, 아픔을 겪는 가운데 있으면서 양육 부담과 염려로 시설 입소를 생각하게 되지만 시설에 대한 불신의 벽으로 시설 입소

결정을 쉽게 하지 못하였다. 그러나 결국 양육 부담의 높은 파도 앞에 시설에 대한 불신의 벽은 무너지고 자녀를 위해 좋은 시설을 찾기 위한 강한 의지를 보여주었다.

시설 입소 자녀를 둔 어머니의 <시설 입소 절차와 갈등 헤쳐 나가기>는 '서로 다른 경험하기', '시설 입소결정에 대해 갈등함' 의 두 가지 하위구성요소로 이루어졌다.

(1) 서로 다른 경험하기

연구참여자들은 10년 이상 자녀 양육의 기간을 거치면서 다양한 양육 부담과 스트레스에 노출되었고 자녀의 시설 입소에서도 서로 다른 새로운 경험을 하게 되었다. 이러한 경험은 비장애인 가정의 어머니나 재가 장애인을 둔 어머니는 경험할 수 없는 것이라 할 수 있다. 특히 현재 자녀를 시설에 입소시키려고 한다면 몇 가지 타이밍이 잘 맞아야 순조롭게 진행됨을 알 수 있었다.

연구참여자들은 자녀의 시설 입소를 결정하고 믿고 맡길 수 있는 시설을 찾았으나 입소시킬 자리가 없거나, 있어도 타 지역에 주소지를 두었다는 이유와 현실을 반영하지 못한 수급권 자격기준 등으로 시설 입소가 어려워 막막함을 느끼는 등 서로 다른 경험을 시설 입소 절차에서 하였다. 특히 타 지역이라는 이유로 시설 입소가 어려웠던 경험은 1995년 지방자치제가 시행되면서 장애인거주시설의 운영비가 지방으로 이양됨이 그 하나의 이유라고 생각된다.

그리고 원하는 지역에 믿을 수 있는 좋은 시설이 있었으나 입소할 자리가 없는 경우에는 장애인거주시설 욕구에 비해 이를 위한 지역사회의 시설 인프라 구축이 잘 되어 있지 않음을 말해 주고 있는 것이었다. 또한 연구참여자들은 행정으로부터 시설 입소 통보확정 연락을 받게 되었을 때 자녀의 시설 입소 결정에 대해 다시 한번 갈등하게 되었는데 그 이유는 하늘이 이어준 모정과 자녀의 시설 적응에 대한 염려 때문이었다.

① 행정적인 절차를 밟아 어렵지 않게 입소시킴

<연구참여자 D, E, F, I>는 행정적인 절차를 어렵지 않게 여기거나 당연한 것으로 받아들이고 있었고 행정적인 절차를 거친 후 어렵지 않게 자녀를 시설에 입소시켰다. <연구참여자 D>는 자녀의 시설 입소를 위해 인근의 여러 지역의 시설을 찾아다녔었다. 그러나 거리가 멀고 입소 비용 등의 발생으로 그 시설들을 선택하지 않았다. 이러한 가운데서 <연구참여자 D>는 행정 기관에 시설 입소를 문의하였고 자신의 지역사회에 시설이 건립된다는 소식을 접하고 사전에 시설 입소 절차를 준비하여 시설이 건립된 후 어렵지 않게 1순위로 자녀를 시설에 입소시켰다.

절차를 처음부터 저는 군에다 일단 얘길 했거든요. 내가 미리 이제 이런 아이들 돌보는데 가까운 데 없느냐고 내가 물으니까 ●● 여기에 짓는다고 조금만 기다려 보시면 됩니다. 그러더라고요. 그래서 기다렸지요. 별다른 어려운 것은 없었습니다. 바로 그만 되었습니다.
〈연구참여자 D, 7〉

<연구참여자 E, I>는 모든 일에는 절차가 따르기 때문에 시설 입소 절차를 번거롭지 않고 당연한 것으로 생각하였다. 이는 다른 기관을 이용하면서 비슷한 이용절차를 경험해 온 것에 그 이유가 있음을 알 수 있었다. 이러한 측면에서 입소 절차의 경우 주관적으로 느끼는 불편함의 정도가 크게 좌우한다는 것을 알 수 있었는데 이는 연구참여자들의 비슷한 선경험과 생각하고 받아들이기 나름이라는 것이다.

절차는 좀 까다롭다면 까다롭고 쉽다고 하면 쉽고, 모든 일에는 그런 절차가 따르더라고요. 에, 뭐 사인해야 되는 거며 그런 것, 병원에 가도 절차가 있듯이 예, 그나마 ⓘⓞⓞⓙ에는 제가 좀 쉽게 이해했던 것 같아요. 서류라던가 그런 게……

〈연구참여자 E, 8〉

행정적인 부분은 복잡하지 않았어요. 그런데 그 정도는 해야만 입소가 되지 않느냐 싶어서…… 복지과에서 연락이 오고, 그분이 서류를 어떻게 하라고 해서 서류작성을 했고, 서류를 가지고 시설에 갔었고, 행정적인 부분은 별로 힘들지 않았어요. 입소시키는 과정은 으레 하는 거니까 복잡하지도 않았고 불편하지도 않았고……

〈연구참여자 I, 19〉

<연구참여자 F>의 경우는 빈자리가 있어 어렵지 않게 시설에 입소시킨 경험을 했다. 시설 입소를 어렵지 않게 하는 중요한 요

소로서 지역사회에 거주시설의 욕구에 비례하는 시설이 설치되어 있거나 거주시설에 빈자리가 있는 것이라는 것을 알 수 있었다.

예, 여기 자리가 한 사람이 ●●로 갔다고 하던데 갔다고 그 자리가 마침 한 개 비워가지고 그래 참 어떻게 시간과 때를 맞추어 들어왔습니다.

〈연구참여자 F, 10〉

② 타 지역 출신이라 시설 입소에 많은 어려움을 겪고 입소시킴

연구참여자들은 믿을 수 있는 좋은 시설을 찾기 위해 많은 노력을 아끼지 않았고 여러 채널을 통해 알아보았다. 그러나 막상 입소시키려 했을 때 입소시킬 자리가 없거나, 있다고 하여도 타 지역에 주소를 둔 경우 시설 입소를 제한하는 자치단체의 방침으로 입소자격을 찾기 위해 고민을 하는 등 어려움을 겪어야만 하였다. <연구참여자 E>는 이러한 상황에서 '하나님 나 어떻게 해요'라는 말로 그 당시의 막막했던 심정을 토로하였다. 그리고 자녀의 시설 입소를 '극적으로' 되었다고 표현함으로 자녀의 시설 입소가 얼마나 어려웠는지 알 수 있었다.

막상 부딪히니까 자리가 없다는 거예요. 자리가 없고, 또 가보면 뭐라나 타 지역이라서 ●●군 사람만 혜택을 줘야 하는데 타 지역을 못주게 한다. 그래서 그 길이 막혀졌을 때 제가 집에 올라와 곰곰이 하나님 이리 가도 길이 막히고 저리 가도 길이 막히는데 나 어떻게

해요. 이렇게 했는데, 정말로 극적으로 하나님이 나를 이렇게……

〈연구참여자 E, 3〉

　〈연구참여자 H〉의 경우도 현재의 시설을 선택하기 전 먼저 다른 시설에서의 돌봄 불만족으로 퇴소를 하고 자신의 남편 고향에 있는 시설을 선택하여 입소 의뢰를 한 경우로 〈연구참여자 H〉 역시 타 지역에 주소를 두고 있어 시설이 위치한 지역이 자신과 관련이 있다는 것을 증명하는 각종 관련 서류를 준비하는 과정에서 어려움을 겪은 후 시설에 입소시킬 수 있었다. 〈연구참여자 H〉는 '절차는 복잡하던데요'란 말로 그때의 힘들었던 상황을 토로하였다.

　절차는 복잡하던데요.(웃음) 여기 지역 출신이 아니라서 그런지…… 타 지역 출신으로 들어갔었거든요. ○○이가…… 할머니가 여기 살고 있어도 엄마, 아빠가 타 지역에 사니까…… 가족증명서를 가져와라. 무슨 서류를 가져와라…… 병원에서 진단서 발급받을 때도 무슨 서류를 가져와라……

〈연구참여자 H, 3〉

③ 실비금액 부담으로 어려움을 겪음

　연구참여자들은 거의 대부분 경제적인 어려움을 경험하고 있었다. 이러한 경제적인 어려움은 장애자녀의 양육으로 인한 영향인 경우였다. 그런데 이러한 경제적인 어려움은 자녀의 시설 입소에서도 경험하게 되었는데 실비입소 비용 때문이었다. 장애인을 구성원으로 둔 가정의 경우 비장애인 가정에 비해 추가적으로 발생하는 비용이 더할 수밖에 없는 구조 속에서(정무성 외, 2010), <연구참여자 G, I>는 행정적인 절차와 조사를 받는 것에는 별다른 어려움을 느끼지 못하였으나 실비 입소 금액 부담으로 인해 시설 입소에 어려움을 겪었다. <연구참여자 G>는 전산상 나타나는 자료가 수급권자 기준에서 벗어났지만 현실적인 경제상황의 어려움으로 자녀의 실비비용으로 인해 어려움을 겪었다.

그 지금도 수급자가 되어 있지 않거든요. 돈을 내고 있거든요. 그런데 신청을 해가지고 다 해놓으니까 원장선생님이 수급자를 만들어 오라고 이렇게 하시더라고요. 그런데 이제 그 당시에 수급, 그저 복지사에게 물으니까 수급자가 될 수 없다고 이렇게 말했습니다. 컴퓨터를 통해 자기 아버지 재산도 있고 연금 타는 것도 있고 그러니까 이 아이는 안 된다. 이러더라고요.

〈연구참여자 G, 2〉

<연구참여자 I>의 경우도 남편과 이혼으로 경제적 상황이 어려운 가운데 실비비용을 고민하다 담당 사회복지사의 조언으로 실비를 내지 않아도 되어 실비납부의 부담을 던 경험을 하였다.

개인적으로 25만 원을 내야 한다고 하더라고요. 그래서 제가 그러한 능력이 안 된다. 그렇게 매달 25만 원을 낼 수 있는 능력

이 안 된다고 했어요. 그나마 그 당시의 ○○○ 담당자 분이 조언을 해주셔서 ○○이는 돈을 내지 않아도 되도록 했습니다.

〈연구참여자 I, 7〉

④ 중증 장애를 이유로 시설 입소를 거부당함

시설이 중증장애인의 경우 입소를 받지 않으려는 경향이 있을 수 있는 것으로 보이는데 이는 선행연구(행동하는 의사회, 2013) 결과에서 확인할 수 있었다. 돌봄에 어려움이 있다는 이유와 다른 거주인들의 생활에 어려움을 줄 수 있다는 것에 기인한 것이라고 생각된다.

그러나 입소를 거부하는 이유가 첫 번째 이유라면 반드시 시정되어야 할 사안으로 보인다. 그렇다면 그들은 어디로 가란 말인가? <연구참여자 H>는 자신이 알고 있는 장애인의 경우 중증의 장애를 이유로 몇 곳의 시설로부터 입소를 거부당해 집에서 부모와 함께 생활하고 있음에 안타까운 마음을 토로하였다.

그리고 또 상태가 좋은 애들만 받아주니까 그게 좀 마음 아프죠. 제가 아는 분도 아이가 시설에 있다가 지금 병원에 입원했다가 집에 데리고 왔더라고요. 그분도 여기저기서 거절당하니까……

〈연구참여자 H, 2〉

이와 같이 개인적인 상황과 지자체의 장애인거주시설 인프라 유·무 등과 같은 여건에 따라 시설 입소 절차에 있어 서로 다른 경험을 하고 있었다. 특별히 타 지역에 주소지를 두었다는 이유로 시설 입소를 거부당하거나 실비입소 부담으로 진퇴양난의 현실 앞에서 연구참여자들은 절망감과 분노감을 느꼈다.

(2) 시설 입소 결정에 대해 갈등함

'시설 입소 결정에 대해 갈등함'은 연구참여자들이 행정으로부터 시설 입소 결정 통보를 받은 후 겪게 된 경험에 관한 서술이다. 연구참여자들은 시설 불신의 벽을 뛰어넘는 양육 부담 앞에서 자녀의 시설 입소를 결정하고 자녀를 위해 좋은 시설을 알아보고 행정적인 절차를 모두 밟고 행정으로부터 시설 입소 결정 통보를 받았을 때 자녀의 시설 입소에 대해 다시 한번 갈등을 경험하게 되었다. 이러한 갈등은 자신의 분신과 같은 자녀와 어떻게 헤어져 살 수 있을 것인가에 대한 아픈 마음과 자녀의 시설 적응에 대한 염려로, 어머니의 마음에서 기인한 것이었다.

① 모정으로 시설 입소를 갈등함

<연구참여자 A>는 자녀와 깊은 애정관계에 있었다. 왜냐하면 다른 가족들은 양육에 있어 구경꾼 역할을 한 것에 비해 연구참여자는 자신의 온몸을 사르는 양육으로 자녀를 위해 온갖 노력을 다해왔기 때문이다. 이러한 깊은 모정으로 인해 막상 행정으로부터 입소 결정 통보가 오고, 시설로부터 입소시키라는 연락을 받았을 때 연구참여자는 자녀를 시설에 보내고는 살지 못할 것

같아 자신이 데리고 키우겠다고 할 정도였고 무엇이 자녀를 위한 최선의 길인지 자녀의 시설 입소를 두고 다시 갈등하였다.

내가 이걸 보내가고 내가 어떻게 살까? 생각하니까 못 보낼 것 같아가지고 내일 데리고 오라고 하는데, 한참 이제 군에서 결정을 다했거든요. 데리고 오라고 하는데, 내가 결정을, 아이고 내가 못 보내겠다고 그랬습니다. 그리 그만 내가 데리고 키우렵니다. 이리 이야기를 했는데, 입소시키기까지 많은 생각을…… 뭐 이렇게 해볼까? 저렇게 해볼까? 많이 생각을 머뭇거렸습니다.

〈연구참여자 A, 3-4〉

<연구참여자 B>의 경우도 출산 때부터 중증·중복의 장애로 인해 혼자는 아무것도 할 수 없는 장애자녀와 그 누구보다도 깊은 유대관계 속에 있었다. 이러한 가운데 행정으로부터 시설 입소 통보를 받은 후 자녀의 시설 입소에 대해 많은 갈등을 하였는데, 함께 생활하며 양육해오다가 시설에 보내려 하니 마음이 아팠기 때문이었다.

보내야 되겠다고 마음먹고 난 뒤에는…… 마음이 억수로 왔다 갔다(웃음) 했지요. 보내야 되나 말아야 되나…… 우리 ○○이를 갖다가 내가 이렇게 데리고 있다가 보내려니 마음이 아프고……

〈연구참여자 B, 3〉

<연구참여자 D>는 입소 통보 후 자녀의 시설 입소에 대해 다시 한번 갈등하게 되어 가족들과 함께 한 번 더 자녀의 시설 입소에 대한 의견을 나누고 시설에 입소시키게 되었다.

진짜 우리 ○○이를 보내야 되나? 말아야 되나? 그런 생각이 들더라고요. 보낸다는 말은 했는데, 보내야 좋을지? 보내지 말아야 좋을지? 이런 마음이 들더라고요. 그래서 우리 아저씨랑 어머니에게 얘길 했습니다. 하니까 어쩔 수…… 우리가 데리고 있는 것보다는 보내는 것이 마음은 아파도 보내는 것이 낫지 않겠나 이렇게 말하더라고요.

〈연구참여자 D, 7〉

<연구참여자 G>는 시설 입소 통보를 받았으나 매우 힘든 마음이 들었다. 그 이유는 모정으로 인해 귀중하고 사랑하는 자녀를 시설에 입소를 시켜야 할지 그렇게 하지 말아야 할지에 대한 고민 때문이었다. 그러나 남편의 간병 문제로 인해 자녀를 시설에 입소시키게 되었으나 입소시킬 때까지 많은 시간과 날짜를 보내다가 결국 시설에 입소시키게 되었다.

통보가 와서 오라고 할 때는 진짜 너무 참 뭐 너무 힘든 생각이 들었습니다. 어떻게 이 아이를 보내지 싶은…… 도저히 통보는 와도 못 보내겠더라고요. 도저히 그래서 이걸 어떻게 하지? 보낼까? 말까? 이렇게 생각하다가 아무리 해도 그 당시는 자기 아빠

도 아파서 갑작스럽게 병원에 갈 수도 있고 그러니까.

〈연구참여자 G, 4〉

② 자녀의 시설 적응에 대한 염려로 시설 입소를 갈등함

시설 입소결정 통보를 받은 후, 연구참여자들은 자녀의 시설 적응에 대한 염려로 인해 시설 입소 갈등을 경험하게 되었다. 이러한 염려는 자녀가 가정과 연구참여자들을 떠나 시설이라는 낯선 곳에서 적응을 잘해나갈 수 있을 것인지에 대한 염려 때문이었다. 이러한 적응에 대한 염려는 의·식·주에 관련된 전반적인 내용이었다. 특별히 <연구참여자 B>는 자녀가 어려 이러한 염려를 더하게 되었다.

○○이도 몸이…… 신경이 예민해서 잠자는 것도…… 문소리에도 놀래고 잠을 못 자고 하거든요. ○○이가…… 그래가지고 ○○이가 잠을 잘 것인가? 거기서…… 불안하고, 먹는 것도 그렇지만 먹는 건 집에서 많이 먹어요. 밥도 많이 먹고 그러는데…… 먹는 것도 그렇고, 잠자는 게 제일 문제였지요. 엄마 떨어져서 자는 게 신경이 예민하니까. 예…… 그래서 잘 수 있을까? 못 잘까? 이게…… 마음이 괜히 왔다 갔다 해서 보내야 되나? 말아야 되나? 보내긴 보내야 되겠는데 어떻게 보내야 하나?(웃음) 마음이 많이 아팠어요. 그때는……

〈연구참여자 B, 3〉

③ 모자간 버팀목 관계로 시설 입소를 갈등함

<연구참여자 E>는 양육에 있어 육체적으로는 힘들었지만 정신적으로는 모자가 서로에게 버팀목이 되어 준, 서로에 대한 존재감을 의미하며 이로 인해 연구참여자는 자녀의 시설 입소를 갈등하게 되었다.

너무 육체적으로는 힘들었지만 뭐랄까 정신적으로는 버팀목이 된 서로 살아갈 존재에 힘을 나누는 공존하는 그것, 나는 너로 인해서 살아야 되고 너는 엄마로 인해서 얻고 또 힘을 내고 그렇게 살아야 되는 존재감이라고 할까요.

〈연구참여자 E, 9〉

입소 절차를 밟고, 행정으로부터 입소 결정 통보를 받은 연구참여자들은 자녀의 시설 입소 결정에 대해 다시 한번 갈등을 경험하게 되었다. 그 이유는 모정으로 인해 자녀를 떠나보내야 한다는 아픈 마음과 자녀의 시설 적응에 대한 염려 때문이었다. 이로 인해 다시 한번 가족들과 시설 입소를 상의하기도 하였다.

2) 산산이 쪼개진 아픔 견뎌내기

<산산이 쪼개진 아픔 견뎌내기>는 시설 입소 준비, 특히 그 현실 앞에서 말로 표현할 수 없는 아픈 마음을 경험하고, 큰마음과 모진 마음을 먹고 자녀를 데리고 시설로 향하게 된 연구참여자

들의 경험에 관한 서술이다.

　연구참여자들은 막상 자녀를 시설에 입소시키는 시점에서 시설 입소 외에는 다른 길은 진정 없는 것인지? 이 길만이 최선인지? 갈등했었고, 분리거주로 인한 아픈 마음과 함께 자녀의 장애를 원망하고, 여러 가지 부정적인 감정들이 교차하는 가운데 자녀의 시설 적응을 염려하는 태도를 보였다. <산산이 쪼개진 아픔 견뎌내기>는 '말할 수 없는 아픔과 마주함', '아픔의 눈물을 흘리게 됨', '자녀의 시설 입소로 인해 염려함'의 3가지 하위구성요소로 이루어졌다.

(1) 말할 수 없는 아픔과 마주함
　연구참여자들은 부부간의 사랑의 결실로 출산한 자녀가 장애를 가진 것을 알고 받은 큰 충격과 양육의 어려움 가운데서도 10여 년 이상 자녀를 양육해왔었다. 그런데 그랬던 자녀를 시설이라는 곳에 보내야만 하는 상황에서 자녀의 시설 입소를 위해 짐을 챙기는 준비 과정과 모든 준비를 마치고 시설로 향할 때 연구참여자들은 말할 수 없는 아픔과 마주하게 되었다. 이러한 아픔은 가슴이 저려오는 아픔으로 한탄과 원망, 골육이 분리되는 것과 같은 것으로 자녀와의 분리거주에 기인한 것이었다.

① 말로 다할 수 없는 마음 아픈 입소 준비
　시설 입소 결정 통보를 받은 후 또 한 번의 시설 입소갈등은 시설에 대한 불신으로 인함이 아닌 모정과 시설 적응에 대한 염려 때문이었다. 연구참여자들은 이러한 마음 가운데서 자녀를 시설로 떠나보낼 준비를 하게 된다.

<연구참여자 E, G>는 옷가지와 휠체어 등을 구입하고 자녀의 시설 입소를 위해 필요한 것들을 준비하는 과정에서 말로 표현할 수 없는 아픈 마음을 경험했다. <연구참여자 E, G>는 '그것은 말로 다 못해요'와 '어떻게 말로 표현 못 하지요'라고 그 준비 과정에서의 아픈 마음을 토로하였다. <연구참여자 E>는 서로가 이렇게 헤어져서 거주해야만 하는지? 이러한 과정을 겪어야 하는지? 생각되어 착잡한 마음을 가졌고 엄마가 자기 짐을 챙기는 것을 보고 왜 짐을 싸느냐는 질문에 엄마와 여행 가려고 한다고 말해야 했을 때, 자녀가 그 말에 좋아하는 모습과 함께 가방을 싸는 자녀의 모습에서 말할 수 없는 아픔 가운데 마음의 눈물을 흘렸다.

아…… 그 옷을 싸고, 이 아이 갈 준비를 하고 막 이럴 때 아…… 그것은 말로 다 못해요. 진짜 마 참 꼭 이렇게 해야 되나? 우리는 같이 살 수 없나? 꼭 이런 과정을 겪어야 하나? 그런 생각들…… 참 마음이 착잡해지더라고요.

〈연구참여자 E, 9〉

예, 가방하고 옷하고 챙길 때 ○○이가 묻더라고요. 엄마 ○○이것! ○○이것! 응, ○○이거야. 왜? 왜? 이제 왜 싸냐 이 말이지…… 가방을 왜? 왜? ○○이 하고 엄마하고 여행 가려고 그랬어요. 엄마하고 간다니까 너무 좋아하더라고요. 엄마하고 간다니까…… 엄마! 아빠 안녕! 아빠 안녕! 이렇게 하더라고요. 그렇게 하는 과정들이…… 해맑게 엄마하고 놀러간다고 그 가방을 싼다는 그게……

〈연구참여자 E, 10〉

<연구참여자 G>는 자녀의 시설 입소를 위해 필요한 것을 준비하는 과정은 너무 힘들어 말로 표현할 수 없었다. 그 아픔은 말로는 표현할 수 없는 것이었음을 알 수 있었다.

그래 간다고 해서 이제 다 준비를, 휠체어도 사고 이래가지고 준비를 해서 보냈어요. 보내는 그 과정이 어떻게 말로 표현을 못 하지요.

〈연구참여자 G, 1〉

② 큰마음과 모진 마음을 먹고 준비한 시설 입소

연구참여자들은 자녀를 시설에 입소시키기 위해 집을 나서는 과정에서 자신들의 마음을 다스려야만 했었다. 그렇지 않으면 자신의 분신과 같은 사랑하는 자녀를 시설에 입소시킬 수 없었기 때문이었다.

이러한 마음의 다스림은 큰마음과 모진 마음이었다. 이러한 큰마음과 모진 마음은 자녀를 시설에 입소시키게 된 이유에 근거한 것으로 특별히 언젠가는 헤어져 살아야 하는, 영원히 함께할 수 없는 현실에 입각하고 있었고 성장하면 언젠가는 부모를 떠나 생활하게 되는 인생의 이치에 입각한 것이었다. <연구참여자 A, F>는 자녀를 시설에 입소시키기 위해 집을 나설 때 이러한 큰마음과 모진 마음을 먹고 시설로 향하게 되었다.

그때는 모진 마음을 먹었습니다. 모진 마음을 먹고……

〈연구참여자 A, 6〉

마음이 아프지요. 내 자식인데 참 내가 데리고 있어야 하는데, 그래 내가 마음을 크게 먹자. 자기 하나 결혼시키는 셈 치고 제금 (살림)내주는 셈 치고 보내자. 제가 마음을 이렇게 달랬지요. 제가 마음 크게 먹고……

〈연구참여자 F, 9-10〉

이처럼 연구참여자들은 시설 입소의 현실 앞에서, 시설 입소를 준비하는 과정에서 당사자가 아닌 이상 그 누구도 경험할 수 없는 아픈 마음을 경험하는 가운데 자신의 마음을 스스로 달래고 다잡기 위해서 안간힘을 다했으나 그러한 현실을 그대로 받아들일 수밖에 없었다.

(2) 아픔의 눈물을 흘리게 됨

연구참여자들은 큰마음과 모진 마음을 먹고, 자녀의 시설 입소를 위해 집을 나섰다. 그리고 시설에 입소시킨 후 집으로 돌아오면서 분리거주로 인한 서러운 마음과 불쌍한 마음, 모정으로 인해 많은 눈물을 흘리는 경험을 했다. 이러한 눈물은 오직 자녀를 시설에 입소시킨 장애인 자녀를 둔 어머니들만이 흘릴 수 있는, 그 누구도 흘리지 말아야 할 아픔의 눈물이었다.

① 시설 입소로 아픔과 원망의 눈물을 흘림

자녀의 시설 입소 시 연구참여자들은 '눈물'로 보내야 했다. 연구참여자들이 흘린 눈물은 분리거주로 인한 아픔과 자녀에 대한 불쌍한 마음 그리고 자녀의 장애를 원망하고 자녀를 시설에 입소시킬 수밖에 없는 자신의 신세를 한탄하는 눈물이었다. <연구참여자 A, B>는 자녀를 시설에 입소시킨 후 집으로 돌아가면서 많은 눈물을 흘렸고 마음이 좋지 않았다.

떼어놓고 오면서도 울고, 한 집에 와서도 한 매일……
〈연구참여자 A, 6〉

(한숨) 그만 막 눈물이 나고, ○○이 보내놓고 놔 놓고 가려니까 그냥 마 제가 왜 서러울까? ○○이 보내놓고요.(웃음) 서럽기도 하고 뭐, 눈물도 한없이 나고 그냥 뭐 마음이 그냥 이렇게 ○○이를 보내놓고 내가 가야 되나? 그런 마음도 들고 그냥 막 그랬어요. 그냥 눈물만 많이 났지…… 그냥 차 타고 가면서 그냥……
〈연구참여자 B, 5〉

처음에도 이제 입소시키고 나서 그냥 눈물이 나고 막…… 마음
도 그렇고 그랬는데……

〈연구참여자 B, 3〉

<연구참여자 C>는 불쌍한 마음과 자녀의 장애를 원망하여 많
은 눈물을 흘렸다.

그만 안 되었지요. 그냥…… 아이고…… 인생아! 맘이 늘 안 되
었지요. 늘 안 됐지……

〈연구참여자 C, 13〉

그런 아이를 그래가지고 얼마나 내가 입소시켜 놓고 또 울었지
와가지고, 어떻게 해서 내 아이가 그렇게 되었는지? 입소시켜 놓
고 우니까 아빠가 그러면 뭐하려고 입소시켜 놓았느냐고 데리고
오라고, 그렇게 하려면 데리고 오라고 하고……

〈연구참여자 C, 15〉

<연구참여자 J>는 입소시킨 후 원장님 내외 분 앞에서 하염없
이 울었다. <연구참여자 J>가 자녀를 시설에 입소시킨 결정적인
이유는 자녀의 문제행동과 경제활동 부담으로 인함이었다. <연
구참여자 J>는 이러한 현실 앞에서 무릎을 꿇게 된 자신의 처지
를 생각하며 하염없이 눈물을 흘린 것이었다.

데리고 가가지고 ○○이를 떼어 놓고 원장님, 사모님하고 빨래
를 개면서 제가 하염없이 울었어요. 그래 원장님, 사모님이 ○○
이 엄마 ○○이 보고 싶으면 항상 언제 어느 때나 오시면 됩니다.
그리고 여기서 자고가도 되고 항상 오셔도 되는데 울지 마세요.
뭘 그렇게 가슴 아파하십니까? 울지 마세요. 이러시더라고요.

〈연구참여자 J, 6〉

② 허전함, 우울함, 슬픔, 좋지 않은 마음들이 교차함

연구참여자들이 경험한 이런 슬픔과 함께 동반된 것은 시설에
입소한 자녀의 빈자리로 인한 허전함과 시설에 입소한 자녀에
대한 염려로 어지러운 마음과 우울함, 불면증 등의 경험이었다.
<연구참여자 H, K>는 자녀를 시설에 입소시키고 집으로 돌아
간 후 남편과 함께 잠을 이루지 못했고 <연구참여자 K>는 이에
더하여 일에 집중도 못하고 우울증 증세와 자녀의 빈자리로 인
해 허전함을 경험했다.

심난하죠.(웃음) 애기 아빠도 밤에 잠을 못 자고 계속 생각나니
까 잠을 못 이루고 그날 저녁에는…… 저도 그렇고……

〈연구참여자 H, 4〉

집안일을 하더라도 집중도 안 되고…… 그냥 TV만 보고 있죠.
집에만 있으면 나가기도 싫은 거 있잖아요? 우울증 증세…… 그런
거죠.

〈연구참여자 K, 5〉

집에 들어가니까 많이 허전하더라고요. 항상 있던 애가 없으니까. 저녁에 하룻밤 자려고 마음먹었는데, 전화가 와서 ○○이가 적응하고 있을 때는 오지 말라고 하더라고요. 한 달 정도는 마음이 허전했죠. 애가 있었는데 없으니까……

〈연구참여자 K, 5〉

<연구참여자 D, I>는 아프고 좋지 않은 마음과 허전한 마음이 들었는데, 자녀에게 해준 것이 없어 미안했기 때문이었다. <연구참여자 I>는 자녀를 시설에 입소시킨 후 평소 자녀에게 잘 해준 것이 없어 미안한 마음과 함께 슬픔을 경험했다.

마음은 안 좋아요. 안 좋았어요. 제 마음, 부모 마음이 좋을 리가 있습니까? 시설은 잘해놓아 좋고, 선생님들 보니까 원장님과 선생님들은 다 좋더라고요. 그런 것을 볼 때는 마음이 놓이는데, 그래도 마음이 좀 아프고 좋지 않았습니다.

〈연구참여자 D, 7〉

그냥 허전하죠. 마음이…… 뭔가 하나가 없는 것 같은…… 그냥 눈물이 나더라고요. 그냥 집에 들어오면 애가 있었는데 이제 없으니까. 제가 혼을 내기도 하고 잠시 나갔다 오면 똥 싸놓고…… 좀 많이 혼냈거든요. 너무 미안하더라고요. 보내놓고(눈물), 네…… 해준 것들이 하나도 없더라고요.

〈연구참여자 I, 8〉

첫날은 바로 돌아와서 표현은 안 했지만 떼어 놓고 와서 마음은 좀 슬펐죠.

<연구참여자 I, 19>

(3) 자녀의 시설 입소로 인해 염려함

연구참여자들은 이러한 슬픔의 눈물이 마르기도 전에 자녀들의 시설 적응이란 염려를 하게 되는 경험을 했다. 이러한 염려는 자녀의 시설 입소 초기에 하게 되는 염려로, 시설 입소 통지를 받고 시설 입소갈등을 다시 하게 된 요인 중 하나이기도 하였다. 그만큼 연구참여자들에게 자녀가 집을 떠나 시설에서 살아가야 함에 대한 염려가 크다는 것과 시설에서 잘 적응해 살아가기를 바라는 연구참여자들의 마음을 알 수 있었다.

① 시설에서 장애자녀의 특성을 파악하지 못할까 염려함

연구참여자들은 자녀의 장애로 인한 여러 가지 특성을 시설에서 잘 알지 못해 자녀가 적절한 지원을 받을 수 있을지? 그렇지 못하면 어떻게 하나 하는 염려의 마음을 가지게 되었다. <연구참여자 F, H>는 자녀를 시설에 입소시킨 후 시설이 장애자녀에 대한 특성을 잘 몰라 자녀들의 잠자는 문제와 건강 문제 그리고 음식 섭취 문제 등을 염려하게 되었다.

좀 얘가 많이 예민해가지고 그지요. 예민해가지고 한 번 오니까. 잠을 자지 않는다 하더라고 그래 이 아이는 밝으면 잘 자지 않습니다. 잠을 자지 않고 설치는 아이입니다. 그 아이는 이렇게 놀면 그지요. 괜찮지만 놀지 않으면 어디 아픈가? 어떤가? 그게 걱정이라 늘 그래 하여튼……

〈연구참여자 F, 4〉

그때 보내고 나서 그때 또 당시만 해도 ○○이가 자기 베개 아니면 잠을 자지 않았었어요. 꼭 자기 베개 냄새 맞고 자기 베개만 이렇게 안고, 그래서 제가 ○○이를 보낼 때 자기 이불하고 베개를 가지고 갔었어요. 사모님, ○○이는 이 베개 아니고 이불 아니면 자기가 잠을 못 잡니다. 우리 ○○이는 밥을 먹지 않습니다. ○○이가 밥을 먹지 않았어요.

〈연구참여자 J, 7〉

② 자녀의 시설 적응을 염려함

연구참여자들은 자신의 자녀들이 집을 떠나 시설이라는 낯선 곳에서 거주함에 있어 적응을 잘해나갈 수 있을지에 대한 염려를 하게 되었다. 이러한 연구참여자들의 염려는 비장애인들이라도 쉽게 경험할 수 있는 일이다. 평소에 살았던 곳을 떠나 새로운 곳에 정착해 살아갈 때 새로운 만남을 통해 경험하는 설렘과 부담이라 생각된다.

그러나 한 가지 다른 점은 그들은 지적장애를 가지고 있기에 스스로를 보호하는데 한계가 있다는 것이다. 그리고 단체거주를 하는 곳에서 생활해야 하므로 가정과는 다른 경험이 아닐 수 없다. 이러한 측면에서 연구참여자들은 자녀들의 시설 적응을 염려한 것이었다. <연구참여자 I>는 자녀가 시설에 적응을 잘 할 것으로 알았으나 일주일 후 집으로 오고 싶다는 얘기를 해 자녀의 시설 적응을 염려하게 되었다.

○○이도 사람들이 많으니까 적응하기 쉬울 거라 생각했는데, 일주일 정도 지나니까 집에 오고 싶다고 얘기를 했었어요.

〈연구참여자 I, 11〉

<연구참여자 J, K>는 낯선 시설 적응과 자녀의 우는 행동으로 다른 거주인들에게 피해줄 것이 우려되어 염려하였다.

그래서 제가 또 걱정을 했었어요. 원장님하고 사모님하고는 제일 처음 ○○이를 보낼 때 친분이 있어서 알지만. 사모님, 또 ○○이가 적응을 못하면 어떻게 하나요? 그게 하나의 제일 큰 고민이었어요.

〈연구참여자 J, 8〉

너무 우는 것 때문에…… 너무 운다고 해서 계속 저러면 어떡하나 싶어서…… 그런데 너무 적응을 잘 했더라고요. 오면 옆에 애들이 ○○이 때문에 밤에 잠도 못 잔다고 그러더라고요. 그것 때문에 많이 걱정했거든요. 계속 저러면 집에 데려가야 하나…… 며칠 지나니까 울지 않고 잘 있다고 하더라고요.

〈연구참여자 K, 6〉

연구참여자들은 자신의 자녀를 시설에 입소시켜야만 하는 현실 앞에서 시설 입소를 준비하고 입소시키는 과정에서 말할 수 없는 아픔과 슬픔, 자녀의 장애에 대한 원망을 견뎌내야만 했다. 이들의 견뎌내기 경험을 가능하게 했던 요인들은 힘겹고 절박한 여러 가지 양육 부담에서 비롯된 것이었다.

그리고 시설에 자녀를 입소시킨 어머니는 자녀의 시설 적응이라는 또 다른 염려를 하게 되었는데 이러한 염려는 자녀를 향한 사랑, 즉 어머니의 마음에서 기인한 것이었다. 연구참여자들의 시설 입소 시 경험하게 되는 아픔과 염려를 최소화하기 위한 서비스 지원이 구체적으로 마련되어 제공되어야 함을 알게 되었다.

4. 시설 입소 후 어머니의 경험

1) 분리거주의 아픔과 그리움의 늪에서 허우적거리기

10여 년 이상 장애자녀의 주 양육자로서 살아온 연구참여자들이 자신의 분신과 같은 존재인 자녀를 시설에 입소시킨다는 것은 쉬운 일이 아니었다. 그럼에도 불구하고 시설 입소의 현실 앞에서 <산산이 쪼개진 아픔 견뎌내기> 경험이 가능했던 것은 장애자녀의 시설 입소 결정이 모든 가족의 양육 부담을 덜고 평범한 삶을 위한 최선의 선택이었기 때문이었다.

<분리거주의 아픔과 그리움의 늪에서 허우적거리기>는 연구 참여자들이 자녀를 시설에 입소시킨 후 삶에서 직접적으로 겪는 경험에 관한 서술이다. 자녀를 시설에 입소시킨 후 초기의 삶은 분리거주로 인해 일상의 삶을 살아가기 어려웠고, 서로에 대한 그리움으로 사는 삶이었다. 그리고 이러한 모정은 죽음으로만 끝낼 수 있고 죽음을 통한 이별보다 더 큰 아픔이었다.

<분리거주의 아픔과 그리움의 늪에서 허우적거리기>를 구성하는 두 가지의 하위구성요소는 '아픔과 그리움에서 헤매이기'와 '죽음을 통한 이별보다 큰 아픔과 마주하기'였다.

(1) 아픔과 그리움에서 헤매이기

연구참여자들이 자녀의 시설 입소 후 자녀와의 분리거주로 인해 겪은 후유증은 만만치 않았다. 연구참여자들은 일상생활의 삶을 잃어버리고 방황하는 삶을 살아야만 하였다. 이러한 자신을 잃어버린 방황의 삶은 술에 의지하게 되고, 식음을 전폐하고, 생업을 중단하게 되는 것 등으로 나타났다.

① 망가진 일상에서 방황하게 됨

자녀를 시설에 입소시킨 <연구참여자 A, E, J>는 1개월에서 3개월 정도의 기간 동안은 자녀와의 분리거주로 인해 일상의 삶으로 돌아가지 못하고 힘겨운 시간을 보내야만 했다. <연구참여자 A>는 자녀에 대한 그리움과 아픔으로 교회를 다니는 신앙인이지만 저녁에 술을 먹지 않으면 잠을 자지 못할 만큼 힘겨운 삶을 살았다.

> 그리 마 어떤 때는 내가 참 교회 가면서 내가 이런 말하면 안되는데, 술을 한잔 마셔야 잠을 자겠더라고요. 그렇게 하지 않으면 잠을 못 잤습니다.
>
> 〈연구참여자 A, 7〉

<연구참여자 E>는 1, 2개월간은 식사를 못할 정도로 견디기 힘든 시간을 보냈고 병치레를 하는 것 같은 힘든 시간을 보내야 했으며 우울증에 대해 이해하게 되었다.

> 한두 달은 진짜 견디지 못하겠더라고요. 야, 밥도 넘어가지 않고 막 이렇게 뭐라 할까? 내 몸에서도 몸앓이를 하는 것 같더라고요. 정말 힘들더라고요. 아이고 밖에 나가기가 싫더라고요. 아. 이렇게 해가지고 우울증에 참 많이 걸리겠구나…… 엄마들이 이렇게 하면서……
>
> 〈연구참여자 E, 10〉

<연구참여자 J>는 잘 되던 가게를 3개월 동안 운영하지 못했고, 미친 사람처럼 돌아다니고, 굶었으며, 더욱이 타향살이라 찾아오는 이도 없었다. '사는 게 사는 게 아니었다'는 연구참여자의 말에서 그 삶이 얼마나 힘겨운 삶이었는지 알 수 있었다.

그래 제가 이제 ●● 있으면서 ○○이를 보내고 나서 한 3개월을 장사를 하지 않았어요. 진짜 그때 장사가 잘 되었었거든요. 제가 가게 장사를…… 이건 사는 게 아니잖아, 가족이 떨어져서 사는 것은…… 그래 ○○이 떼어놓고 한 3개월을 ●● 언니 집으로 미쳐가지고 다녔었어요. 장사를 하고 살아야 된다는 그것을 다 놓아버렸어요. 삶의 의미를 제가 잠깐 좀 잃어버렸어요. 몇 날 며칠을 굶고 아파트 벽에 꼼짝도 하지 않고 가만……

〈연구참여자 J, 6〉

② 헤어지기 싫어함에 마음이 상함

자녀의 시설 입소 후 연구참여자들은 자녀가 어머니와 집을 그리워하며 일시적인 만남과 헤어짐에서 힘들어하는 모습을 보며 마음에 큰 아픔을 경험하게 되었다. 비록 그들은 중증·중복의 지적장애를 가지고 있었지만 하늘이 이어준 혈연관계로 자신을 낳아주고 길러준 어머니에 대한 그리움만은 느끼고 있었고 아마도 이들의 이러한 모습은 '난 시설에서 거주하는 것을 원하지 않아요', '난 집에서 엄마와 함께 살고 싶어요'라는 절박하고 간절한 그들의 외침으로 들려왔다.

<연구참여자 A, E, J, K>는 자녀가 명절 등으로 원가정으로 오거나 연구참여자들이 자녀를 보고자 시설을 찾을 경우, 자녀가 시설로 돌아가지 않으려고 하고, 집으로 같이 오고 싶어 하는 모습을 보며 아픔을 경험하였다.

명절 때 또 한 번씩 데리고 오면 자기도 가기 싫어 가지고 차타고 가면 가지 않으려고…… 선생님들이 잘해도 부모는 부모니까 떼를 쓰고 그렇게 했거든요.

〈연구참여자 A, 4〉

가끔씩 집에 왔다가 ⓘⓘⓘⓘ에 다시 가지 않으려고 하더라고요. 보내는 줘야 되겠고. 오토바이 할아버지네 가자 이러면 차에 타거든요. 오토바이 할아버지는 우리 친정아버지……

〈연구참여자 K, 12〉

<연구참여자 E, J>는 시설을 찾은 연구참여자에게서 떨어지지 않으려 하고 집으로 가자는, 엄마와 집에 대한 그리움으로 가득 차 있는 자녀들로 인해 그리고 그들을 시설에 두고 와야만 하는 상황에서 아픈 마음을 경험하였다.

엄마! 집에 가자. 집에 가자. 네 집이 여기야. 응, 네 집이 여기야. ○○이가 먹고 마시고 잠자고 하는 곳은 여기야. 엄마 집은 저기 ●●이지만, ○○이 집은 여기야 이렇게 했더니. 여기 아니야. ●●, ●●이래, 아니야 이젠 ○○이 집은 여기야. 여기야. 이러니까 인정을 안 해요. ●●. ●●. ●●가자 아파트 가자! 아니야 끝까지 아니야 그렇게 하고 돌아올 때 참 마음 아프더라고요.

〈연구참여자 E, 5〉

●● 가면 친정 엄마를 모시고 갔습니다. ○○이 외할머니를 태워가지고 ●●까지, ○○이를 보고 돌아올 때는 제가 그 항상 뭐야 눈물 때문에 그 창문 그게 안 보였어요.

〈연구참여자 J, 6〉

하루 놀아주고 다시 시설에 넣어주고 와야 되는데 ○○이가 떨어지지 않으려고 할 때, 그때 진짜 마음이 너무 너무 아프고 그랬어요. 그 떼어놓고 오고……

〈연구참여자 J, 7〉

③ 보지 못해 마음이 아픔

연구참여자들은 시설에 있는 자녀를 일시적이라도 집에 데리고 오고 싶거나 시설로 가서 만나보고 싶어도 형편과 사정이 여의치 못해 그렇게 하지 못함으로 인해 아픈 마음을 경험하게 되었다. 이는 모정 때문이었다. <연구참여자 C>는 명절에 집이 비좁아 자녀를 시설에서 데려오지 못해 아픈 마음을 경험하였다.

한 번은 명절에 데리고 오지 않아서 그냥 어찌나 맘이 안 좋은지? 그만 밥 먹고 아이들 가고난 뒤에 눈물을 흘리니까. 아빠가 왜 데리고 오지 데리고 오지 않아가지고 그렇게 우느냐?(웃음)

〈연구참여자 C, 11-12〉

<연구참여자 K>는 시설을 찾아 자녀를 보고 싶으나 시설에

들릴 수 없는 상황에 있어 자녀를 보지 못해 그러한 환경 때문에
마음이 상하였다.

> 딸 얼굴 보러 가야 하는데, 매일 집에 가고 싶다고 한다고 그러
> 더라고요. 아빠가 농사를 지으니까 또 주말마다 또 일하러 가야
> 되고……(한숨)
>
> 〈연구참여자 K, 10〉

무엇인가에 마음을 빼앗기면 어떤 일에든 집중하기가 어려움
을 경험한다. 아무것도 할 수 없는 상태가 되는 것이다. 그런데
이러한 이유가 일생에 한 번 경험하기 어려운 부정적인 경험이
라면 어떨까? 그 누구도 헤어나기 어려운 일일 수 있고 그러한
문제는 그 사람의 삶을 혼란스럽게 만들기에 충분하지 않을까
생각된다. 자녀를 시설에 입소시킨 연구참여자들이 그러한 경험
을 한 이들이었다.

그들은 그들의 삶의 의미를 길게는 3개월 정도 잃어버렸던
것이다. 그리고 아무것도 모르고 자기 생각도 없는 존재로 알고
있던, 그래서 그 존재의 가치를 온전히 인정받지 못하고 있는
중증·중복의 지적장애인들이지만 분명히 그들은 온전하지 못한
말과 행동으로, 아니 그러한 것조차 불가능하여 표현하지 못한다
하여도 그들의 내면에는 분리거주로 인한 아픔과 슬픔이 있다는
것을 우리는 알 수 있고, 그 누구도 부인할 수 없을 것이라 생각
된다.

(2) 죽음을 통한 이별보다 큰 아픔과 마주하기

언제쯤이면 연구참여자들과 시설에 입소한 자녀 사이의 그리움과 아픔은 잊혀질 수 있는 것일까? 여기에 대한 대답이 '죽음을 통한 이별보다 큰 아픔과 마주하기'의 하위구성요소에 담겨져 있다. 연구참여자들은 1년이란 세월이 흘러도 시설에 입소한 자녀를 잊을 수가 없었고 이들의 자녀에 대한 아픔과 염려는 평생 짊어지고 가야만 하는 무거운 짐이었음을 알 수 있었다.

① 1년이 지나도 끝나지 않는 아픔과 그리움

<연구참여자 B>의 자녀는 혼자 힘으로는 아무것도 할 수 없는 그나마 엄마라는 말 정도만 할 수 있는 중증의 장애인이다. 매일 누워서 생활해야 한다. 그러나 어머니에 대한 그리움은 한결같다. 1년의 세월이 흘렀어도 자녀가 연구참여자와 헤어지지 않으려고 해 <연구참여자 B>는 마음이 좋지 않았다.

한 1년? 1년 넘게까지는 마음이 좀 안 좋았어요. 지금도 보고 이제 갈 때 되면 늘 엄마를 자꾸 찾아서 놔놓고 가기가 마음이 아프대요. 안 좋아요.

〈연구참여자 B, 5〉

<연구참여자 E>는 1년이 지나도 자녀가 좋아하는 과일을 볼 때면 자녀가 생각나고 과일을 사가지고 자녀를 찾아가고 싶은 경험을 하였다. 이는 자녀를 향한 어머니의 마음이었고, 그 마음은 사랑이었다.

1년이 지나온 지금도 한 번씩 이제 ○○이가 좋아하는 것, 과일을 이렇게 볼 때면 이거 우리 아들이 너무 좋아하는 건덴 이런 생각이고 지금이라도 사서 뛰어가고 싶을 정도로 이렇게 마음이 들 때면……

〈연구참여자 E, 10〉

② 뼈를 깎는 아픔으로 죽은 이별이 나음

이 세상에서 육체적인 고통 가운데 가장 큰 고통은 무엇일까? 자신의 뼈를 깎는 고통이 아닐까? 죽음을 통한 사랑하는 이와의 이별이 아닐까? 연구참여자들은 자녀와의 분리거주의 아픔을 그렇게 표현하고 있었다. 인간이 느낄 수 있는 가장 큰 고통으로 인한 슬픔으로 토로하였다. <연구참여자 B, E>는 자녀는 자신과 같은 존재로 늘 자녀와의 분리거주를 생각하면 마음이 아프고 눈물 나며, 뼈를 깎는 아픔의 경험을 하였다.

제 자신 같은 존재지…… 이제 저 같은 이제…… 저와 같은 것! 생각하면 늘 마음이 아프고 그냥……(웃음) 저녁에 생각하면 눈물도 나고……

〈연구참여자 B, 4

사실은 내 분신과 같은 그 아이를 떼어 놓는다는 것은 진짜 뭐라고 할까? 뼈를 깎는 아픔 그거라고 할까요? 처음에는 생병이 난 것이 사실이에요.

〈연구참여자 E, 3〉

<연구참여자 A>는 자녀와의 분리거주를 '산 이별'로 표현하고 이 '산 이별'이 '죽음을 통한 이별보다 더 가슴 아픈 이별'이라고 말했다. <연구참여자 E>는 한 번 아파야 한다면, 죽음을 통한 이별을 택하고 싶어 했다. 이는 죽음을 통한 이별은 한 번 가슴에 묻으면 되지만 산 이별은 살아 있는 가운데 함께 살지 못함으로 인해 죽음을 통한 이별보다 그 고통이 더함을 의미한 것이었다.

죽은 이별보다 산 이별이 더 어렵더라고요.

〈연구참여자 A, 4〉

장 그냥 한 번은 아파야 된다고 하면 저는 하나님께서 거두어가는 것으로 나는 그런 걸 택하겠어요. 진짜 차라리 그 순간에 탁 이제 숨이 끊어졌다. 이렇게 아픔은 있겠지만 그 뒤에는 내 마음에 묻고 살잖아요. 예, 이리 묻든 저리 묻든 가슴에 묻잖아요.

〈연구참여자 E, 9〉

2) 불편한 현실 속에서 살아가기

<불편한 현실 속에서 살아가기>는 연구참여자들이 자신의 자녀를 시설에 입소시킨 후 변화된 삶, 즉 양육 부담 가운데서 벗어나 누리게 된 자유 가운데서 경험하게 된 삶 속에서의 불편한 현실에 관한 서술이다. 연구참여자들이 경험한 변화는 그동안의 양육 부담에서 자유를 누리게 된 것이었다.

그러나 이러한 자유는 자녀의 시설 입소로 되어졌기에 시설에 입소해 있는 자녀에 대해 미안함과 죄책감을 느꼈다. 이러한 <불편한 진실 속에서 살아가기>의 하위구성요소는 '자유와 회복을 경험하고 살아감', '양가감정 속에서 살아감'의 두 가지로 이루어져 있다.

(1) 자유와 회복을 경험하고 살아감

시설에 대한 불신에서도 양육 부담으로 인해 연구참여자들은 자녀의 시설 입소를 결정하게 되었고, 연구참여자들은 자녀의 시설 입소로 인해 삶의 변화를 경험하게 되는데, 이러한 경험은 연구참여자들이 그동안 자녀를 양육함에 있어 부담으로 작용했던 그것으로부터의 벗어남으로 얻은 자유와 회복이었다.

① 몸과 마음의 평안을 얻고 관계가 회복됨

<연구참여자 A, I>는 자녀의 시설 입소로 그동안의 양육 부담과 염려로부터 몸과 마음의 편안함을 얻었다. 특별히 <연구참여자 I>는 여러 가지 양육 부담으로 마음의 병을 앓았는데 자녀의 시설 입소로 치유되어 마음이 건강해져 몸 또한 건강해짐을 경험하고 자연스럽게 인간관계도 회복되는 경험을 하였다. 이러한 경험은 그동안의 양육 부담이 연구참여자들에게 심적으로 얼마나 큰 부담이었는가를 짐작하게 하는 대목이었다. 그리고 중증의 장애자녀의 양육에 있어 적절한 지지나 뒷받침이 되지 않을 경

우 주 양육자와 그 가족의 삶에 엄청난 불균형을 가져온다는 사실을 경험하게 된다(김종혜, 2011)는 사실을 확인하게 되었다.

이제 여기 시설에 와가 있으니까 나는 심적으로 육체적으로는 조금 편합니다. 육체적 심적으로도 좀 한편으로 내가 좀 많이 비우고 사니까 편하고 그런데……

〈연구참여자 A, 1〉

○○이나 생업 때문에 마음에 병이 들어 있었는데, ○○이를 입소시킨 후에 마음속에 걱정거리 하나가 없어졌어요.

〈연구참여자 I, 20〉

<연구참여자 H>는 자녀를 가정에서 돌보았을 때는 우울증(김은숙, 1990)으로 약을 복용했으나 자녀의 시설 입소 이후에 우울증 약을 끊게 될 정도로 회복됨을 경험하였다.

약을 먹기 시작하면 끝이 없잖아요. 약을 안 먹고 버텼죠. 지금은 약을 먹을 정도는 아니에요. ○○이를 시설에 맡기고 나니까……

〈연구참여자 H, 1〉

② 일과 외출이 자유로워짐

연구참여자들은 자녀의 양육에 매인 삶(박신정, 2008)으로 자신의 삶을 잃고 살아왔었다. 하루 종일 자녀 양육과 가사 일을 하는 것으로 10여 년 이상의 세월을 보내왔던 것이다. 그러나 자녀의 시설 입소로 연구참여자들은 양육에 매인 삶에서 자유를 얻고 일과 외출 등의 부담을 덜게 되는 변화를 경험하게 되었다. <연구참여자 B, D, F, G, H, K>는 자신들이 해야 할 일을 자유롭게 할 수 있고 외출에서도 자유를 얻게 된 경험을 했다.

저의 생활은 좀 ○○이 이제 보내고 난 뒤에 생활하기는 편하지요. 이제 뭐 먹고 산다든지? 돈을 벌기 위해 간다든지? 이런 것은 이제 편해졌습니다.
〈연구참여자 B, 3〉

데려다주고 난 뒤부터는 내가 일하러 나가면 마음이 좀 편하지요. 왜 그러냐하면 ○○이 때문에 빨리 들어와야 되고, 기저귀도 보아야 되고, 밥도 챙겨 먹여야 되고, 이렇게 하기 때문에 빨리 들어와야 되는데 우리 ○○이가 가고 난 뒤에는 들에 가서 좀 늦게 와도 되고……
〈연구참여자 D, 10〉

이제 저는 그지요. 마음 놓고 맡겨놓고 들에도 갈 수 있고 어디 가더라고 해도 집에 ○○이가 있다 그 생각은 그만…… 거기 있다. 집이 비어 있으니까 아, 조금 늦게 가도 되겠다.
〈연구참여자 F, 8〉

어디를 가도 이제 마음이 놓인다는 것, 항상 잠시 어디를 가도 우리 ○○이 때문에 늘 마음을 놓지 못하거든요. 빨리 집에 와야

된다는 그런 마음이 이제 확실히 있는데 이제 그런 것에서는 해방
이 된 거지……

〈연구참여자 G, 5〉

제가 자유를 얻었다는 것…… 제 몸이 안 좋으니까 운동을 제가
하고 싶을 때 할 시간이 있다는 것. 자유를 얻은 것 같고, 운동도 하
고 싶을 때 하고…… ○○이가 집에 있으면 운동도 못 다녔어요.

〈연구참여자 H, 5〉

지금은 좋아요. 제가 조금이나마 돈을 벌 수 있다는 것! 사람도
많이 사귀었고…… 뭐 그렇습니다.

〈연구참여자 K, 5〉

<연구참여자 E>는 자녀를 양육하는 가운데 단 한 번도 여행을
떠나본 적이 없었고 외식이나 쇼핑은 자신에게 사치품과 같은
것이었는데, 자녀의 시설 입소 이후 남편과 처음으로 여행을 떠
나게 되는 경험을 하였다. 이들이 누린 자유! 여기서 말하는 자
유는 보통 사람들이라면 누구나 누리고 살아가는 아주 평범한
삶 그 자체였다.

그러나 연구참여자들에게는 사치품 내지는 그림 위의 떡과 같
은 것이었다. <연구참여자 E>는 자신이 사는 아파트 위에서 지
나가는 사람들을 내려다보며 저 사람들은 무슨 복을 받아서 저
렇게들 행복하게 살아가는 것일까라는 생각을 한 적이 한두 번

이 아니었고 그들이 부러움의 대상이 되기도 하였다.

> 저는 여행이라고는 한 번도 가본 적이 없거든요. 남편하고 둘이
> 서 그렇게 가본 적은 없고 또 장애자라는 아이를 키우면서 뭐 외
> 식, 쇼핑 이런 것은 내게는 사치품이었고 참 그랬었는데, 남편과
> 제주도 여행을 다녀왔거든요.
>
> 〈연구참여자 E, 1〉

③ 이웃으로부터 억울하게 받던 오해가 사라짐

<연구참여자 C>는 시설에 입소시키기 전, 이웃들로부터 하지
않은 일인데, 물건이 파손되거나 없어지는 일이 있으면 자신의
자녀가 한 것으로 오해받는 이야기를 자주 들어왔는데, 자녀의
시설 입소로 이웃으로부터 이러한 오해받는 소리를 듣지 않게
되었다.

> ⑪⑪⑪⑪에 보냈기 때문에 그런 소리는 듣지 않는다는 것입니
> 다. 예. 그래서 내가 늘 그런 것이 금방 우리 ○○이가 조금 전 나
> 갔는데, 어느 때에 뭐 ○○이 어떻게 했다. 이런 말이 들릴 때, 내
> 가 그런 걸 한 번 목격을 했거든요. 우리 ○○이는 금방 나갔는데,
> 어디 그런 소리를 하느냐…… 내는 너무 억울하다. 그런데 이제
> 그런 소리를 듣지 않는다는 것이 좋고……
>
> 〈연구참여자 C, 12〉

(2) 양가감정 속에서 살아감

연구참여자들은 자녀를 시설에 입소시킨 후 삶에 많은 변화를 경험하였다. 마음과 몸의 편안함과 회복, 그리고 일과 생업 그리고 개인을 위한 시간적인 측면에서의 구속에서도 자유를 얻었다. <연구참여자 G>는 이것을 '해방'이라는 말로 표현하여 자녀를 직접 양육해왔을 때의 양육으로 인한 구속의 삶이 매우 컸음을 토로하였다.

연구참여자들은 이러한 삶의 변화를 가져왔다. 그러나 마음은 그렇지 못했다. 그 이유는 연구참여자 자신들이 누리는 변화된 삶, 자유와 회복은 사랑하는 자녀를 시설에 입소시킨 대가로 주어진 것이었기 때문이었다. 그리고 그러한 가운데서도 연구참여자들은 자녀와 다시 살아볼까 하는 생각을 하게 되었다. '양가감정 속에서 살아감'은 바로 이와 같은 감정 속에서 불편하게 살아가는 연구참여자들의 경험의 본질에 관한 서술이다.

① 미안한 마음과 죄책감이 듦

연구참여자들은 자신들이 누리는 편안함과 자유 속에서 자녀는 자신들이 양육해야 하고 함께 생활해야 할 존재인데 시설에 입소시킴으로 된 것이라는 마음에 미안함과 죄책감을 가지고 있었다. 그리고 자녀에게는 하지 말아야 할 것을 했다는 생각에 죄책감은 더해만 가는 것을 알 수 있었다.

<연구참여자 B, E, G, H, J, K>는 자녀의 시설 입소로 경제활

동, 여가활동 등의 양육 부담에서 자유를 얻었으나 자녀의 시설 입소로 얻은 자유였기에 시설에 입소해 있는 자녀들에게 미안한 마음과 죄책감 가운데 살아가고 있다.

생활은 편한데, ○○이한테 너무 미안하지…… 보내놓고 그만 이렇게 편하게 살아야 되나?(웃음) 이런 마음이 있지요. 꼭 죄짓는 것 같아요. 그것도(웃음) 제가 이제 ○○이를 낳았을 때 제가 책임을 지고 이제 ○○이를 끝까지 돌보고 키워야 되는데, 예…… 입소시키고 이제 내 하고 싶은 생활을 하니 이제 죄짓는 것 같아요. ○○이한테……

〈연구참여자 B, 3〉

그러면서 아들아 참 미안하다 하지만 엄마도 때로는 이 일도, 이런 삶도 필요하단다. 그래서 너를 입소시켜 놓고 정말로 가는 내 마음은 조금 무거운 것은 있지만 네게 미안한 마음은 있지만 그래도 나는 이 여행이 내게 참 좋단다. 그렇게 고백한 적이 있어요.

〈연구참여자 E, 1〉

처음에는 아이에게 못할 짓을 하는…… 못할 짓을 했구나. 이런 생각이 자꾸 들었습니다. 우리 ○○이는 나 없으면 안 되는데, 못할 짓을 했다는 생각이 자꾸 들더라고요.

〈연구참여자 G, 5〉

원래 자식은 같이 사는 게…… 가족의 일원이잖아요. 자식을 보

내버리고 부모가 못되게 사는 것 같기도 하고 그렇죠.(침묵)

〈연구참여자 H, 2〉

그냥 죄책감만 드는 것 같기도 하죠. 표현을 어떻게 해야 하는지 모르겠네……(웃음) 죄책감만 드는 것 같아요. 같이 못 있으니까 그런 것 같아요.

〈연구참여자 H 5〉

지금은 시설에 가고 나서는 제 마음이 너무 좋아요 편한데, 그렇게 하고 ○○이를 보내놓고 나서는 이렇게 다른 사람들하고 얘기할 때도 제가 막 이렇게 소외라 할까 움츠려지더라고요. 왜냐하면 미안하다 엄마가 너를 끝까지 가족으로서 한 집에서 살고 같이 가야 되는데 같이 해주지 못한 엄마의 이 죄책감, 이 미안함 이런게 사실 힘들었었어요. ○○이를 집에서 데리고 있을 때는 그런 생각은 없었거든요. 제가 자기랑 생활하면서 엄청나게 더 힘든 일이 많았지만 이런 생각은 한 번도 해보지 않았거든요.

〈연구참여자 J, 9〉

○○이에게는 늘 미안하죠. 제가 여기 놔두고 자주 보러오지도 않고……

〈연구참여자 K, 12〉

성공하는 사람들은 더 중요한 것을 위해 덜 중요한 것을 버린다. 그리고 그 버린 것에 대해서는 미련을 두지 않는다. 왜냐하면 더 중요한 것을 통해 더 많은 것을 얻을 수 있다는 확신 때문이다. 그러나 연구참여자들은 자녀를 시설에 입소시킨 것에 대해 미안함과 죄의식을 가지고 있었다. 이것은 결코 그들의 선택이 옳은 선택이 아닐 수 있음을 보여주는 대목이라 생각된다. 연구참여자들이 얻은 평범한 평안함과 자유가 아무런 미안함이나 죄책감 없이 얻어질 수 있도록 서비스 지원이 필요함을 알게 되었다.

② 다시 같이 살아볼까 생각함

'다시 같이 살아볼까 생각함'은 연구참여자들이 자녀를 시설에 입소시킨 후 다시 집으로 데리고 와 같이 살아볼까 라는 연구참여자들의 경험에 관한 서술이다. 연구참여자들은 자녀를 시설에 입소시킨 이후 자녀에 대한 그리움으로 자녀와 함께 다시 살아볼까 하는 생각을 하였음을 알 수 있었다.

<연구참여자 A>는 자녀의 주 양육자로 살아왔다. 그리고 장애자녀와 가출을 하여 둘만 같이 살아볼까 하는 생각을 하였다. 그 이유는 가족들은 장애자녀의 양육에 관심을 가져주지 않았고, 남편은 매일같이 술을 먹고 자신의 삶을 힘들게 했었기 때문이었다. <연구참여자 A>는 장애자녀와 가장 큰 애착관계에 있었고 자녀의 시설 입소 이후 돈을 많이 벌어 자녀와 다시 같이 살았으면 하는 생각을 여러 차례 하였다.

조금은 ○○이가 입소하고부터 뒤로는 내가 일을 부지런히 해

가지고 우리 ○○이를 다시 데리고 올까? 그냥 이런 생각도 했어요. 데리고 와서 우리 딸하고 둘이만 살아볼까? 이런 생각도 했는데…… 아니 그냥 내 딸이니까 내가 그만 데려다가 다시 자기랑 나랑 살까? 이런 생각은 몇 번 했습니다.

〈연구참여자 A, 7-8〉

<연구참여자 G>는 인터뷰 하는 가운데서도 시설에 있는 자녀가 두 차례나 휴대폰으로 전화를 했었고 평소에도 하루에 세 번 정도 자녀와 통화를 하고, 주기적으로 시설에 들러 자녀의 안부를 물으며 지내고 있었다. <연구참여자 G>는 자녀에 대한 그리움으로 다시 가정으로 데리고 와 함께 살았으면 하는 생각을 하게 되었다.

그런데 이제 또 하루가 가고 이틀이 가고 한 달이 가고 그렇게 지내니까 더 많이 ○○이가 보고 싶고 어떻게 아이를 그냥 데리고 올까? 데리고 와서 살까? 이런 생각도 많이 들었어요.

〈연구참여자 G, 5〉

연구참여자들의 이러한 경험은 모정에서 기인한 것으로 자녀를 시설에 입소시킨 후 가지게 되는, 자녀를 시설에 입소시킨 것에 대한 미련으로 인한 하나의 경험으로 생각된다.

3) 잊을 수 없는 자녀를 묻고 일상에 적응하기

자녀를 시설에 입소시킨 후 연구참여자들이 세 번째 경험한 경험의 본질은 <잊을 수 없는 자녀를 묻고 일상에 적응하기>였다. <잊을 수 없는 자녀를 묻고 일상에 적응하기>는 분리거주의 아픔으로 늘 마음 한구석에는 장애자녀가 자리 잡고 있으나 이러한 아픔과 그리움을 여러 가지 방법으로 달래며 일상에 적응해가는 연구참여자들의 경험에 관한 서술로 '마음에 장애자녀를 품고 살아감'과 '아픔과 슬픔을 달래고 삶에 적응하기'의 두 가지의 하위구성요소로 되어 있다.

(1) 마음에 장애자녀를 품고 살아감

연구참여자들의 얼굴은 어딘가 모르게 그늘져 있다. 왜냐하면 그들의 마음 한 구석에는 시설에 거주하고 있는 자신의 자녀가 자리 잡고 있기 때문이다. 그래서 그들의 웃음은 참된 웃음이 아닌 것이다. 연구참여자들은 시설에 있는 자녀에 대한 염려로 인해 정서적으로 불안한 가운데 살아가고 있기 때문이었다.

① 항상 마음속에 자리 잡고 있는 장애자녀

<연구참여자 D, E>은 자녀를 시설에 입소시켰으나 항상 자신들 마음 한 구석에는 자녀가 자리 잡고 있었다. <연구참여자 D>는 시설에서 아무리 잘해주어도 시설에서 거주하는 자녀로 인해

마음이 편하지 않고, 자녀는 항상 마음 한구석에 자리하고 있다.

마음은 편하지 않았지요. 편하지 않았지요. 아무리 좋고 좋지만, 마음이 좋지 않았습니다. 좋을 리는 없어요. 우리들 마음은 아무리 잘해준다고 하기는 하는데, 부모 마음으로서는 마음은 편하지 않아요. 마음에 항상 꽉 찡겨 있지요.

〈연구참여자 D, 6〉

〈연구참여자 E〉는 자녀가 시설에 입소해 있으나 자녀에 대한 염려가 항상 마음 가운데 자리하고 있어 스스로가 장애인이 되어가는 정서적인 불안한 마음을 느끼고 있었다.

이 날마다 앉아 있어도 우리 ○○이는 뭐하고 있을까? 잘 하고 있을까? 이 생각이 내 마음속에 항상 자리 잡고 있으니까……

〈연구참여자 E, 5〉

연구참여자들은 자녀를 시설에 입소시켜 두었으나 분신과 같은 자녀의 존재를 잊을 수 없고, 죽음을 통한 이별보다 더 큰 분리거주의 아픔과 항상 자녀에 대한 염려의 생각 가운데 살아가게 되었다. 이러한 연구참여자들의 자녀에 대한 존재감이 결국 자녀를 시설에 입소시키는 과정과 입소 후의 삶 가운데 묻어 나오는 어머니의 마음이라는 것을 알게 되었다.

② 죽기 전에는 잊지 못할 자녀와 양육 부담

어머니에게 자녀란 어떤 존재일까? 그리고 자녀가 중증·중복의 장애로 시설에 거주하고 있다면 그 자녀에 대한 어머니의 마음은 어떠할까? <연구참여자 A, C, D, G, H>는 시설에 입소해 있는 자녀를 자신들이 죽기 전까지는 잊을 수 없고, 염려하지 않을 수 없기에 자녀가 자신보다 먼저 죽었으면 하는 마음을 가지고 있다. 그리고 장애자녀로 인한 고통은 평생 짊어지고 가야 할 짐이었다(한경임 외, 2003). <연구참여자 A>는 자신이 죽어도 자녀를 잊을 수 없다고 생각하였다. 그만큼 장애자녀가 마음에 사무쳐 있음을 알 수 있었다.

내가 눈을 감아도 잊혀지지 않을 것 같습니다.
〈연구참여자 A, 1〉

<연구참여자 C>는 자신이 죽은 후에도 장애자녀가 마음에 걸릴 것이라고 하였다. 죽으면서도 마음에 부담과 염려로 남게 된다는 의미였다. 이러한 측면에서 자녀가 자기보다 먼저 세상을 떠났으면 하는 생각을 가지고 있었다.

내가 죽고 나면 우리 ○○가 좀 걸리겠지요. 걸리지만, ○○가 내 앞에 가야 되는데…… 눈을 감고 죽을 건데……(한숨)
〈연구참여자 C, 32〉

<연구참여자 D>는 시설에 자녀를 입소시키지 않은 사람은 그러한 부모의 마음을 알 수 없다고 생각했다. 그렇기에 살아생전에는, 자신이 죽기 전까지는 자녀를 잊을 수 없었다.

자기가 땅 속에 들어가야 말지 우리 부모 마음으로서는 안 볼수도 없고, 안 갈 수도 없는 것이고……

〈연구참여자 D, 11〉

<연구참여자 G, H>는 자녀가 시설에 가 있어도 자녀로 인해항상 신경이 쓰이는 삶을 살고 있다. 이렇게 신경이 쓰이는 삶은자신이 죽어야 끝날 일이라 생각하였다.

그러니까 이제 항상 거기 보내놓아도 신경이 쓰이고 마음 아프고 내가 죽어야 만이 그게 끝이 나겠지요. 그렇습니다. 내 아니라다른 사람도 역시 마찬가지로 거기 맡겨놓은 엄마들은 다 내 마음하고 좀 비슷하겠지 물론……

〈연구참여자 G, 2〉

평생 짊어지고 가는 거예요. 고통과…… 자식을 생각하면서……

〈연구참여자 H, 2〉

자녀를 시설에 입소시킨 연구참여자들은 분리거주로 인한 아픔과 슬픔의 강도가 더하는 경험을 하였다. 초기 2～3개월은 일상의 삶을 잃고 미친 듯이 방황하는 삶을 살았고, 1년이 지난 상황에서도 자녀가 좋아하는 것만 보면 자녀가 생각나 그리움과 아픈 마음을 경험한 것이다.

그리고 시설에 입소한 자녀들도 어머니와 집을 그리워하며 집에 오거나 만나게 되면 헤어지지 않으려 하는 모습을 보였고 이러한 모습이 연구참여자들의 마음을 더욱 아프게 하였다. 분리거주의 아픔과 자녀에 대한 염려의 고리는 살아생전에는 끊을 수 없는 어머니의 마음에서 기인한 것이었다.

(2) 아픔과 슬픔을 달래고 삶에 적응하기

‘아픔과 슬픔을 달래고 삶에 적응하기’는 연구참여자들이 인간이 겪을 수 있는 가장 큰 산 이별의 슬픔 가운데서도 자신에게 주어진 삶을 살아가게 되었고 자녀를 시설에 입소시킨 후 힘겨운 삶을 지탱해준 삶의 끈과 같은 내용을 담은 연구참여자들의 경험에 관한 서술이다.

① 가는 세월 속에 마음 비우기로 아픔을 묻음

세월이 약이라는 말이 있다. 연구참여자들은 2년 이상 자녀와의 분리거주로 인한 아픔 가운데 살아왔다. <연구참여자 A, B, E>는 이러한 슬픔과 아픔을 가는 세월 속에 마음 비우기를 통해 일상의 삶에 적응해가게 되었다. 마음 비우기는 시설에 거주하고 있는 자녀에 대한 염려의 마음을 잘 있을 것이라는 생각으로 채워 감을 의미하였다.

한 1, 2년 정도 내가 정을 못 떼어가지고 참 많이 집에서도 울었거든요. 그리 참 사람, 이 모정이라고 하는 것이 그게 참 무엇인지 몰라도 그래가지고 뭐 세월이 약인가 생각되었습니다. 한 이년이 넘어가니까 좀 마음이 나도 자꾸 비워지고……

〈연구참여자 A, 7〉

지금 한 몇 년 되어서 그지요? 그냥, 그냥, 이럭저럭 그냥 그렇게 생활은 해요. 처음에는 막, 마음이 아프고……

〈연구참여자 B, 21〉

아이를 한 번 더 보려면 내가 힘을 빨리 내야 되겠다는 생각! 그 생각 때문에 참 많이 비우기를 많이 했습니다. 비우기를, 비우는 게 그게 표현이 참 맞더라고요. 비우는 것! 그래 비우자……

〈연구참여자 E, 10〉

② 신앙의 힘으로 평안을 얻음

발 셈은 "하나님이 어떤 사람에게 벌을 주시기 원한다면, 그로부터 믿음을 빼앗아 가신다"라고 했다. 인간에게 축복은 믿음이란 것이다. <연구참여자 E, H>는 자신들이 믿고 있는 신앙의 힘으로 시설에 입소시킨 자녀로 인한 아픔의 마음을 위로받고 염려를 맡기며 새 힘을 얻어 일상의 삶에 적응해가는 모습을 보여주었다. 이들은 분리거주로 인한 고통과 슬픔 가운데서도 그들이 믿고 있는 신의 은혜를 통해 삶의 적응이라는 축복을 누린 것이다.

아이고 하나님께 맡기고 잘 먹고 있을 거야. 그리고 우리는 기도가 있잖아요! 우리는 그 기도가 무기잖아요! 하나님! 저 아이들이 가장 좋은 시설에 갔습니다. 가장 행복하게 해 주시고 오늘도 저 아이들이 가장 행복한 하루가 되게 해 달라고 그렇게 하면 또 마음에서 평안이 또 되고…… 염려한다고 내가 키를 한 자나 크게 할 수는 없잖아요. 뭐 머리털 하나라도 안 빠지게 자라나게 할 수 없는…… 내가 하나님께 맡기고 그게 종교생활, 종교 있는 여인들이 가장 좋은 것 같아요. 그래서 제 주위에 예수 믿으라고 많이 권합니다. 제가 걸어왔던 그 길……

〈연구참여자 E, 9〉

저는 천주교 신자거든요. 성당에 다녀요. ○○이도 성당에 다니고 그랬거든요. ○○이가 기도하자 그러면 손 모으고 있는 거 잘해요. 기도소리…… 그 소리에…… 집에 있을 때 주일날 성당 나가잖아요. 저 혼자 어른 미사 갈 때는 제가 아프면 못가잖아요. 그런데 ○○이를 위해서 ○○이를 데리고…… 성당에 장애인 미사가 있었어요. 항상 주일만 되면 제 몸이 아파도 꼭 데리고 갔어요. 지금도 성당에 다녀오면 기분이 좀 나아지고…… 그러더라고요.(웃음)

〈연구참여자 H, 4〉

③ 가까운 분들을 통해 위로와 힘을 얻음
"한 사람의 진실한 친구는 천 명의 적이 우리를 불행하게 만드

는 그 힘 이상으로 우리를 행복하게 만든다"라고 에센 바흐는 말했다. <연구참여자 E, J, K>는 가까이 지내는 친구나 동생, 시설 관계자들의 위로 가운데 아픔과 그리움을 달래고 일상에 적응하는 데 도움을 받는 경험을 하였다.

이들 모두가 연구참여자들이 자녀의 시설 입소 후 힘겨워하는 그들의 참 친구가 되어주었던 것이다. <연구참여자 E, K>는 자녀를 시설에 입소시킨 후 친구들과 잘 알고 지내는 동생들의 관심을 통해 일상생활에 적응하게 되었다.

시설에 자녀를 입소시킨 이후에 어머니들이나 가족들이 일상에 빠른 시간 안에 쉽게 적응하여 살아갈 수 있도록 하여 이로 인해 발생할 수 있는 또 다른 사회문제를 예방하는 차원에서 이들을 지지하기 위한 다양한 프로그램을 개발하여 시행할 필요성이 있음을 알게 되었다.

친한 사람, 친한 친구도 막 나오라고 밥 먹으러 가자. 목욕가자. 이래도 오늘 나 조금만 있고 싶어! 그냥 조금 누워 가지고 있고 하는 내 모습에 친구들이 들어와 가지고 강제적으로 끌고 가고 그럴 때…… 아, 맞다 그러니까 서로 더불어 산다는 게 이게 정말 좋아요. 그랬을 때 아마 친구와 또 잘 지내는 동생들에 의해서 빨리 저는 자리를 잡은 것 같아요.

〈연구참여자 E, 11〉

그 친구하고 어울려 다니면서 개한테는 많이 이야기를 했죠. 지금은 ●●에 없지만…… 얘기하면서 같이 울고, 자기도 힘들게 살았다고 하더라고요. 근데 걔는 자식은 정상인데 신랑 때문에 많이 고생을 했었나 봐요. 걔랑 얘기하면서 이런 분위기가 돼서 서로 울면서 얘기 많이 했죠.

〈연구참여자 K, 9〉

<연구참여자 J>은 시설 관계자 분들의 위로와 외할머니의 위로로 자녀의 시설 입소로 인한 아픔과 그리움을 달래고 이겨냈다.

외할머니가 항상 옆에서 힘이 되어줬어요. 네가 살아야만 ○○이가 있는 거다. 그러면서 힘내라고 참 외할머니가 그때 많이 저를 위로해주고 다독거려주었습니다.

〈연구참여자 J, 6〉

마지막에 원장님이 ○○이 어머니 이제는 모든 것 다 내려놓으시고 가슴 아파하시지 마세요. 남은 가족도 생각하셔야지요. ○○이에게 너무 그렇게 가슴 아파하지 말고 우리가 있는 이유가, ○○이 엄마와 같은 분을 도와드리기 위해서 제가 하는 일이 그건데 ○○이는 우리에게 맡겨 놓으시고 ○○이 어머니는 돌아가셔서 가족들에게, 남은 가족들과 이제 행복하게 사세요. 이렇게 얘기를 하시는 거예요. 마지막에 제가 나오는데 그 얘기를 딱 듣는 순간 제가 여기 바위 덩어리가 항상 바위 덩어리를 가지고 살았는데 이게 내려가는 것 같더라고요.

〈연구참여자 J, 8〉

④ 일을 통해 그리움을 묻게 됨

연구참여자들은 시설에 거주하고 있는 자녀에 대한 생각을 잊기 위해 일에 매달리게 되었다. 한 가지 일에 열중하면 그 시간만큼은 힘들고 슬픈 생각을 잊을 수 있었기 때문이었다. <연구참여자 G>는 '너무! 너무! 너무! 너무! 진짜 그냥 말할 수 없이 괴로웠던 마음'을 일을 통해 잠시라도 달래고 잊을 수 있었다.

> 그것은 말도 못하지요. 그것은 계속 와서 일을 하니까 좀 잊혀지는 것 같고, 일을 하지 않으면 뭐 더 미치겠고 그랬지요. 그러니까 이제 그 생활이 언제쯤 그쳤는지 그것도 모르겠습니다만, 너무! 너무! 너무! 너무! 진짜 그냥 말할 수 없이 마음이 괴로웠지요. 마음적으로, 우리 ○○이가 참 내가 어느 때보다도 그때 마음은 뭐라고 말할 수도 없이 진짜 힘들게 살았습니다.
>
> 〈연구참여자 G, 5〉

<연구참여자 H>는 자녀의 시설 입소로 육신은 양육 부담을 덜어 힘들지 않았지만 도리어 시설에 있는 자녀가 염려되어 마음은 편하지 않았다. <연구참여자 H>는 자녀로 인해 우울증을 호소하는 가운데 이러한 것에서 남편을 도와 일을 함으로 이겨 나가고자 하였다.

> 신경 쓰이고 생각나고 그래요. 집에 있으면 작은 일이라도 하려고 그러죠. 요즘에는 아빠 가게 하는 데 가서 있다가 들어오고……

저도 우울증이 있거든요. 병원에서 우울증이 있다고 해서……

〈연구참여자 H, 1〉

<연구참여자 I>도 자녀가 시설에 입소해도 마음은 불편하였다. 그러나 그러한 마음을 가는 세월 속에 일을 통해 달래게 되었다.

시설에 보내고도 마음이 안 좋았다 했잖아요. 일을 하고 시간이 가니까 그건 서서히 잊어버리는 거예요. 저도 모르게 생활에서 잊고 살고……

〈연구참여자 I, 23〉

<연구참여자 K>도 남은 가족을 돌보고 일을 통해 시설에 거주하는 자녀에 대한 생각을 조금씩 덜하게 되었다.

그냥 일을 하다 보니까 잊혀지고…… 그렇더라고요. 애들 키우다 보니까…… 주말에는 ○○이 할아버지께 반찬을 해드려야 되고……

〈연구참여자 K, 6〉

대부분의 사람들은 장애인 자녀를 시설에 입소시킬 경우 그동안의 양육의 어려움에서 벗어나 자유를 얻고 편안한 생활을 하게 될 것이라고만 생각하는 경향이 있다고 생각된다. 그러나 전혀 그렇지 않았다. 그들은 자녀를 양육하면서 겪었던 어려움과는 다른 유형의 슬픔과 염려와 아픔을 경험하였고 그러한 경험들은 말할 수 없는 그리고 인생 가운데서 가장 견디기 어려운 슬픔이었음을 알 수 있었다.

그리고 그들은 그러한 고통을 통한 아픔을 고스란히 맞을 수밖에 없는 상황 가운데서 때로는 가는 세월 속에 마음 비우기로 또는 절대자를 의지하는 신앙의 힘으로, 가깝게 지내는 분들의 위로로, 일에 몰입함으로 분리거주로 인한 아픔과 그리움에 대한 마음을 달래고 일상의 삶에 적응하며 살게 되었음을 알 수 있었다.

5. 시설 입소에 관한 어머니 경험의 일반적 기술구조

1) 입소 전 어머니 경험의 일반적 기술구조

[양육 부담 앞에 무너진 시설 불신의 벽]

혼자 힘으로는 아무것도 할 수 없는 중증장애인 자녀를 큰 충격 가운데 받아들이고 10여 년 이상 양육해오는 과정에서 어머니는 개인의 삶을 잃어버리고 매우 힘들고 어려운 삶을 살아왔다.

그러나 해를 더할수록 양육 부담은 가중되었다. 그 이유는 자녀는 신체적으로 성장하고 과격한 문제행동은 더 심해져 가는 반면, 어머니의 건강은 나빠지고 노화로 인해 근력이 약해져 갔기 때문이다. 이에 더하여 남은 가족들에 대한 염려, 가정 경제의 어려움, 장애자녀의 더 나은 삶을 위한 고민 가운데 자녀의 시설 입소를 생각하게 되었다.

그러나 매스컴을 통해 들려오는 시설에 대한 인권 침해 소식 등으로 시설에 대한 부정적인 인식이 자리 잡고 있어 자녀의 시설 입소를 쉽게 결정내리지 못하고 있었지만 이러한 시설에 대한 부정적인 인식도 연구참여자들의 양육 부담과 염려 앞에서 무너지게 되어 자녀의 시설 입소를 결정하게 되었다.

[동의 혹은 반대에 부딪치기]

양육 부담과 어려움 가운데서 연구참여자들은 자녀의 시설 입소를 결정하게 되었다. 이러한 결정은 현실적인 양육 부담과 현실을 반영한 미래의 양육 부담에 대한 예측의 결과였다.

연구참여자들은 이러한 결정을 스스로 내리고 가족들에게 이러한 생각을 알리게 되고 연구참여자들의 이러한 결정에 가족들은 별다른 의견을 제시하지 않고 연구참여자의 뜻대로 하라는 태도와 가족이라는 정으로 인해 반대하는 경우도 있었다.

연구참여자는 이러한 경우에 자녀를 시설에 입소시킬 수밖에 없는 현실을 이야기하고 가족들은 이러한 현실에 공감하여 시설 입소에 동의하게 되었다. 그러나 이런 경우는 대부분 시설에 입소하게 될 당사자가 중증의 장애로 인해 시설 입소에 대한 자신의 의견을 제시할 수 없는 상황이었으며 자신의 의견을 제시할 수 있는 경우에는 장애인 자녀인 당사자가 시설 입소를 결정하였다.

[좋은 시설을 찾기 위해 고민하기]

연구참여자들은 자녀의 시설 입소를 결정한 후 자녀가 행복하게 지낼 수 있는 시설이 어디에 있을지 고민했고, 여러 곳을 찾아다니며 수소문하는 등으로 좋은 시설을 찾기 위한 노력을 아끼지 않았으며 이러한 노력은 '의지'로 표현할 만큼 강한 것이었다.

결국 연구참여자들은 집과 먼 곳이 아니라 집과 가까이에 있는 시설, 기존에 잘 알고 있었던 시설, 시설 이미지가 좋은 곳, 고향에 있는 시설들을 선택하게 되었다. 그 이유는 그들이 자녀를 믿고 맡길 수 있는 시설로 직접 그리고 자주 찾아가 볼 수 있고 자녀가 낯익은 시설이라 시설 적응의 어려움을 최소화할 수 있을 것이라는 것에 대한 기대에 기인한 것이었다.

2) 시설 입소 시 어머니 경험의 일반적 기술구조

[시설 입소 절차와 갈등 헤쳐 나가기]

시설 입소에 있어 시설의 상황과 개인의 경제적 여건, 생각이나 느낌에 따라 절차상 어려움의 체감도는 상이하였다. 입소할 수 있는 자리가 있거나, 신규시설이 건립과정에 있었던 경우에는 어렵지 않게 입소를 할 수 있었으나, 타 지역의 경우 입소할 수 있는 자리가 있어도 입소에 어려움을 겪기도 하였고 실비입소 비용의 부담으로 어려움을 겪는 경우도 있었다.

모든 입소 절차를 마치고 입소 결정 통보를 받았을 때는 서로에게 정신적인 버팀목이 되었던 관계와 모정 그리고 자녀의 시설거주에 대한 염려 등으로 자녀의 시설 입소에 대해 다시 한번 갈등하게 되었으며 보내기 싫고, 아픈 마음을 경험하는 가운데 당초 시설 입소 결정 이유를 떠올리며 시설 입소 결정을 굳히게 되었다.

[산산이 쪼개진 아픔 견뎌내기]

자녀를 시설에 입소시키기 위해 필요한 물품과 짐을 꾸리면서 아무것도 모르고 좋아하는 자녀들을 보며 연구참여자들은 마음이 저려오는 아픔을 경험하였다. 꼭 이렇게 해야만 하는 것인지? 그리고 다시 한번 자녀의 장애를 원망하게 되었다.

시설로 갈 때는 아픈 마음을 모질고 큰마음을 먹으며 달랬고, 입소시키고 돌아갈 때는 서러움과 원망으로 하염없는 눈물을 흘렸다. 시설과 선생님들은 좋으나 자녀의 시설 입소는 마음 아픈 현실이었다. 집에 도착했을 때는 텅 빈 방을 보며 허전한 마음이 밀려왔고, 평소 잘해주지 못했던 일들이 생각나 미안한 마음 가운데 밤에 잠을 이루지 못했다.

3) 시설 입소 후 어머니 경험의 일반적 기술구조

[분리 거주의 아픔과 그리움의 늪에서 허우적거리기]

연구참여자들은 자녀를 시설에 입소시킨 후 분리거주의 아픔과 괴로움으로 인해 2, 3개월은 일상의 삶에 적응하지 못하고 망가진 일상 가운데서 방황하게 되었는데 술과 경제활동 중단, 외부와의 단절, 우울증 증상 등을 경험하였다. 특히 자녀의 일시귀가로 집에서 만나게 되면, 시설로 돌아가지 않으려고 해 마음이 아프고 상하여 좋지 않았다. 그리고 시설로 가서 만나고 돌아올 때면 여기는 자기 집이 아니기 때문에 집으로 가자고 말할 때, 그리고 떨어지지 않고 따라오려고 하는 자녀를 두고 올 때 너무나 큰마음의 아픔을 경험하였다. 이러한 모정은 1, 2년이 지나도 사라지지 않는 그리움으로 남아 있다. 연구참여자들은 분신과 같은 자녀와의 분리거주로 죽음보다 더한 아픔과 고통을 느꼈다.

[불편한 현실 속에서 살아가기]

연구참여자들은 자녀의 시설 입소로 양육 부담에서 자유를 얻어 심적으로, 육체적으로 많이 편안한 생활을 하고 있으며, 경제활동도 자유롭게 할 수 있게 되었다. 그리고 사치로만 여겼던 쇼핑이나 여행, 운동 등의 기회를 가지게 되었고 걱정거리가 한 가지 사라진 것 같은 경험을 하였다.

그러나 한편으로는 누리고 있는 자유와 편안한 삶 가운데서 시설에 입소하고 있는 자녀를 생각하면 자녀에게 미안하고 죄스러운 마음으로 아파하고 있다. 그 이유는 자녀의 시설 입소로 얻게 된 자유와 편안한 삶이었기 때문이었다. 그리고 연구참여자들은 자녀를 시설에 입소시킨 후 얼마 되지 않아 자녀들에 대한 그리움으로 자녀를 시설에서 퇴소시켜 다시 같이 살아볼까 하는 생각을 하였다. 이는 자신의 자녀이기에 같이 살고자 하는 마음에서 기인한 것이었다.

[잊을 수 없는 자녀를 묻고 일상에 적응하기]

대부분의 사람들은 장애인 자녀를 시설에 입소시킬 경우 그동안 양육의 어려움에서 벗어나 자유를 얻고 편안한 생활을 하게 될 것이라고만 생각하나 그들은 자녀를 양육하면서 겪었던 어려움과는 다른 분리거주로 인한 슬픔과 염려와 아픔을 경험하였다.

그러나 그들은 그러한 가운데서 때로는 가는 세월 속에 마음 비우기로 또는 절대자를 의지하는 신앙의 힘으로, 가깝게 지내는 분들의 위로로, 일에 몰입함으로 그러한 분리거주로 인한 아픔과 그리움에 대한 마음을 달래고 일상의 삶에 적응하며 살아가게 되지만 연구참여자들의 마음 한 구석에는 항상 장애자녀가 자리 잡고 있어 늘 마음이 쓰이고, 마음 아픈 삶을 살아가고 있다.

6. 시설 입소에 관한 어머니의 경험의 의미

- 자녀를 향한 애끓는 어머니의 마음과 죄의식

나실 제 괴로움 다 잊으시고
기를 제 밤낮으로 애쓰는 마음
진자리 마른자리 갈아 뉘시며
손발이 다 닳도록 고생하시네
하늘 아래 그 무엇이 넓다 하리오
어머님의 희생은 가이없어라

양주동의 〈어머니의 마음〉 중에서

본 연구에서는 지적장애인의 시설 입소에 관한 어머니의 경험을 이해하기 위해 그 경험의 본질을 현상학적 연구방법으로 탐구하였다. 본 연구결과 총 8개의 구성요소와 17개의 하위구성요소를 제시하였고, 이를 통해 지적장애인의 시설 입소에 관한 어머니 경험의 본질을 '자녀를 향한 애끓는 어머니의 마음과 죄의식'에서 찾을 수 있었다.

어머니에게 있어 자녀는 어떤 존재이며, 자녀를 향한 어머니의 마음은 어떠한지를 생각해볼 필요가 있다. 어머니에게 있어 자녀는 자신과 동일한 분신과 같은 존재로 자녀의 아픔과 괴로움은 곧 자신의 아픔이요 괴로움이다. 그러하기에 자녀를 향한 어머니의 마음은 애끓는 마음이다. 그리고 자녀가 잘못되면 모든 책임을 자신에게 돌린다. 자신이 죄인 아닌 죄인이 되는 것이다.

즉, 자녀를 위해서는 어떤 괴로움도 마다하지 않으며, 좋은 것을 주려 하고 어떤 고생도 감내한다. 그리고 이러한 어머니의 희생은 끝이 없다. 이는 아낌없이 자신의 모든 것을 바치는 정성과 사랑 곧, '어머니의 마음'에서 기인한 것이다.

또한 어머니는 자녀가 성인이 되어도 항상 자녀를 마음에 품고 자녀에 대한 염려와 바람으로 살아간다. 이는 어머니의 마음에는 오직 자녀가 잘 되기를 바라는 한 가지 소원이 있기 때문으로 이러한 자녀를 향한 어머니의 마음은 양주동의 '어머니의 마음'이란 시에도 잘 나타나 있다.

자신의 지적장애인 자녀를 시설에 입소시킨 어머니는 장애자녀의 주 양육자로 충격과 원망과 말할 수 없는 아픈 마음을 안고 자녀의 장애를 받아들이게 되고 자녀의 치료와 재활을 위해 온갖 노력을 다해왔다.

그러나 그 누구도, 그 무엇도 그러한 어머니의 아픈 마음에 위로나 힘이 되어주지 못했고, 여러 차례 극단적인 생각을 하기도 하였지만 어머니가 그 힘들고 어려운 삶의 끈을 놓지 못한 단 하나의 이유는 자신의 분신과 같은 자녀의 고통과 아픔이 자신의 고통과 아픔이었기 때문이었다.

그리고 이러한 자식을 향한 어머니의 애끓는 마음은 자녀를 시설에 입소시키기 전과 입소 시, 입소 후에도 잘 나타나고 있었다. 즉, 이러한 시점들에서 어머니는 양육의 어렵고 힘든 중에서도 자녀를 시설에 입소시키는 것에 대해 많은 갈등을 했고, 자녀를 위해 좋은 시설을 선택함에 있어 그 어떤 수고도 마다하지 않았다. 그리고 입소 시에는 말할 수 없는 가슴 저려오는 아픔과 슬픔을 경험했고, 시설에 입소시킨 후에는 삶의 의미를 잃고 방황하며 뼈를 깎는 아픔 속에 생병이 나고 사는 게 사는 게 아닌 삶을 살아가야만 하였다.

또한 자신의 자녀가 장애를 가지게 된 것에 대해 항상 죄의식을 가지고 있었고 특히 자녀의 시설 입소를 통해 얻은 자유와 회복에 대해 못할 짓을 한 것만 같은 죄의식을 느끼는 가운데, 가는 세월 속에 마음 비우기 등으로 그 아픔과 그리움, 죄의식을 묻고 일상에 적응해가지만 시간이 흘러도 그 자녀는 잊혀지지 않고, 잊을 수도 없는 존재로 어머니의 마음 한 구석에 항상 자리 잡고 있다.

이러한 지적장애인의 시설 입소에 관한 어머니의 경험은 어머니들과 장애자녀들의 일반적인 특성에 따라 유형화할 수 없는데, 그 이유는 자녀에 대한 '어머니'라는 존재의 그 근본적인 '마음'은 동일하다는 것에 있다.

즉, 어머니의 마음 가장 밑바닥에 깔려 있는 장애자녀를 둔 어머니로서의 마음의 본질은 어머니들과 장애자녀의 일반적인 특성과는 상관없이 동일하다는 것이다.

그러므로 어머니로서 자신의 분신과 같은 자녀가 장애를 가졌다는 그 근본적인 사실과 어머니가 자신의 자녀를 시설에 입소시키는 시점별에서의 경험은 어머니와 장애자녀의 일반적인 특성에 따른 다른 경험으로 유형화할 수 없는 '자녀를 향한 애끓은 어머니의 마음과 죄의식'이 공통된 경험의 본질이라는 것이다.

지적장애인 자녀를 시설에 입소시킨 어머니의 시설 입소 전, 시설 입소 시, 시설 입소 후의 삶의 경험에는 이러한 '자녀를 향한 애끓는 어머니의 마음과 죄의식'이 고스란히 녹아 있었다.

V

결론 및 제언

성품은 간단하고 조용하게 길러지지 않는다.
시련과 고통을 통해서만 영혼이 강해지고, 비전은 뚜렷해지며, 포부가
길러지고, 성공이 이루어진다.

- 헬렌 켈러

1. 연구결과 요약

본 연구는 지적장애인 자녀를 시설에 입소시킨 어머니에게 주목하였다. 자녀를 시설에 입소시킨 어머니의 입소경험을 심층적으로 이해하고 자녀를 시설에 입소시킨 어머니의 자녀의 시설 입소에 관한 본질적인 의미를 포착하기 위해 현상학적 질적 연구방법을 활용하였다. 특히 Giorgi의 현상학적 기술적 연구방법을 통해 경험의 총체적 구조를 밝혀 자녀를 시설에 입소시키는 과정에서 어머니들의 욕구와 문제에 기반한 사회복지적 서비스를 제공할 수 있는 연구의 단서를 제공하고자 하였다.

본 연구는 '지적장애인의 시설 입소에 관한 어머니의 경험은 어떠한가?'라는 질문을 갖고 연구참여자 11명을 심층 인터뷰한 자료와 전화통화 등의 자료를 수집하여 분석에 활용하였다. 표집방법은 '의도적 표집'으로 경남 지역의 장애인거주시설 시설장들을 통해 연구목적에 적합한 연구참여자를 소개해줄 것을 부탁하고 이들을 통해 11명의 어머니를 연구참여자로 선정하였다. 연구참여자 선정은 자녀를 시설에 입소시킨 경험을 반영할 수 있도록 조사 시점에서 자녀를 시설에 입소시키고 있는 중이며 자녀를 10대 때 시설에 입소시키고, 조사 시점까지 시설 입소기간이 2년 이상인 어머니로 하였다. 10대에 자녀를 시설에 입소시킨 어머니로 한정한 이유는 선행자료 분석결과 지적장애인의 시설 입소 연령대가 10대 때 가장 많은 32.3%를 차지하고 있었던 점을 감안한 것이다(백은령 외, 2011). 그리고 자녀를 시설에 입소시킨 지 2년 이상의 어머니로 제한한 것은 연구자가 직접 예비조사에서 연구참여자를 면담하는 가운데, 자녀의 시설 입소 후 2년 동안은 자녀와의 분리로 인해 정신적으로 많은 어려움을 겪다가 그 이후부터 차츰 심리적인 안정을 찾았다는 것을 근거로 한 것이다.

최종 11명의 연구참여자를 선정하였고 자료의 충분성을 기하기 위해 인터뷰 는 2회씩 실시하였다. 2012년 8월~10월까지의 예비조사를 거쳐 2013년 4월부터 8월까지 인터뷰를 진행하였고 인터뷰 시간은 연구참여자 1인 평균 1시간 30분~2시간이 소요되었다.

분석은 구체적으로 Giorgi의 기술적 현상학적 방법의 4단계에 따라 수행하였다. 1단계로 현상학적 환원의 태도 내에서 연구참여자의 전체적 상황기술 내용을 반복적으로 읽었다. 두 번째는 텍스트 내용을 읽으며 현상 자체에 주의를 기울이며 의미단위를 구분해가는 작업을 수행하였다. 연구자는 참여자의 시설 입소 경험 자체에서 의미가 있으며, 의미 간에 전이가 일어나거나 명백하게 차별적인 기술 내용이 있는 부분을 텍스트 중간 중간에 사선(/)을 그으며 구분하였다. 세 번째 단계는 의미단위를 학문적 용어로 전환하는 단계이다. 자유연상법을 통해 연구참여자들의 진술은 자녀를 시설에 입소시킨 어머니의 경험으로 의미단위별로 사회과학적, 사회복지적 용어로 전환되었다.

최종적으로 분석에 사용된 227개의 의미단위는 연구참여자의 공통의 의미단위로 재통합되면서 49개의 의미로 요약되었다. 이 단계에서 49개의 의미요약을 인과적 맥락이나 상호관련성 등을 염두에 두고 구조화해 나가는 과정이다. 최종적으로 8개의 구성요소와 17개의 하위구성요소가 도출되었다. 이렇게 도출된 구성요소가 자녀를 시설에 입소시킨 어머니의 경험의 본질을 이루고 있는 구조라 할 수 있다.

7개의 구성요소는 다음과 같은 경험의 본질을 의미한다. 먼저 시설 입소 전 어머니의 경험은 입소 결정부터 입소 결정 후 자녀를 위해 좋은 시설을 찾는 시점까지로 경험의 구성요소는 <양육 부담 앞에 무너진 시설 불신의 벽>, <동의 혹은 반대에 부딪치기>, <좋은 시설을 찾기 위해 고민하기>의 세 개의 구성요소로 되어 있으며 <양육 부담 앞에 무너진 시설 불신의 벽>은 연구참여자들이 자녀의 장애를 큰 충격 속에 받아들이는 가운데 회복에 대한 기대로 치료와 교육, 재활과 양육에 최선을 다했음에도 불구하고 도리어 중하여져 가는 상황에서 갈수록 견디기 어려운 여러 가지 양육 부담으로 자녀의 시설 입소를 생각했으나 매스컴을 통한 시설에서의 인권침해 관련 사건 소식과 거주시설의 돌봄의 질로 인한 시설에 대한 불신으로 자녀의 시설 입소를 머뭇거리다 결국 견디기 어려운 양육 부담으로 자녀의 시설 입소를 결정하게 되는 내용을 기술한 것이다. 연구참여자들의 양육 부담은 다른 자녀의 장래를 위한 염려와 자신의 노화와 사후의 양육에 대한 염려, 자녀의 문제행동, 양육에 매여 자유를 잃은 삶, 경제활동의 부담 등이었다.

<동의 혹은 반대에 부딪치기>는 자녀의 시설 입소를 결정한 연구참여자들이 가족에게 이러한 생각을 알리고 가족들의 동의를 구하는 과정과 이에 대한 가족들의 반응에 관해 서술한 내용이다. 연구참여자들은 어머니로서 그리고 장애자녀의 주 양육자로서 자녀의 시설 입소 결정을 먼저 할 수 있었다. 그러나 이러한 결정을 하고 가족들에게 말하기까지는 시설에 대한 불신과 양육 부담의 힘겹고 어려운 삶 가운데 많은 고민을 인함이었다. 어머니의 결정에 가족들은 별다른 의견을 제시하지 않거나 동의하기, 당사자인 장애 자녀의 경우 거부하기 등의 의견을 보였으나 결국은 모든 가족을 위한 최선의 선택으로 장애자녀의 시설 입소를 결정하게 되었다.

시설 입소 전 연구참여자들의 세 번째 경험은 <좋은 시설을 찾기 위해 고민하기>로 시설에 대한 불신과 양육 부담 가운데 자녀의 시설 입소를 결정하고 자녀를 입소시킬 시설을 찾는 경험을 서술한 내용으로 좋은 시설을 찾기 위해 노력한 연구참여자들은 그 과정에서 정말 자녀를 믿고 입소시킬 수 있는 시설을 선택하기 위한 노력을 아끼지 않았다. 이것은 그 무엇으로도 끊을 수 없는 자녀를 향한 사랑, 즉 어머니의 마음에서 기인한 것이었다. 연구참여자들의 믿음이 가는 좋은 시설을 찾고자 하는 욕구는 모두 '의지'로 표현할 수 있을 만큼 강했다. 불가피한 상

황 속에서 시설 입소를 결정하였으나 시설에 대한 불신과 모정으로 인해 자주 들러볼 수 있고, 자녀의 시설 적응과 보다 나은 삶을 위해 낯익고 가까운 시설을 선택한 것을 알 수 있었다.

시설 입소 시 어머니의 경험은 자녀를 위해 좋은 시설을 찾은 후 입소 절차를 밟고 자녀를 시설에 입소시킨 후 집으로 돌아가는 시점까지로 경험의 구성요소는 <시설 입소 절차와 갈등 헤쳐 나가기>와 <산산이 쪼개진 아픔 견뎌내기> 두 가지로 이루어졌으며 <시설 입소 절차와 갈등 헤쳐 나가기>는 자녀를 시설에 입소시키기로 한 어머니가 자녀의 시설 입소를 위해 행정적인 절차를 밟고 입소 결정 통보를 받은 과정에서 겪은 경험의 본질이다. 연구참여자들은 자녀의 시설 입소를 결정하고 믿음이 가는 좋은 시설을 찾았으나 입소시킬 자리가 없거나, 있어도 타 지역에 주소지를 두었다는 이유와 현실을 반영하지 못한 수급권 자격기준 등으로 시설 입소가 어려워 막막함을 느끼는 등 서로 다른 시설 입소 절차상의 경험을 하였다. 연구참여자들은 이러한 진퇴양난(進退兩難)의 현실 앞에서 절망감과 분노감을 느꼈다. 그리고 행정으로부터 시설 입소 확정 연락을 받게 되었을 때 자녀의 시설 입소 결정에 대해 다시 한번 갈등하게 되었다. 그 이유는 하늘이 이어준 모정과 자녀의 시설 적응에 대한 염려 때문이었고 이로 인해 가족들과 시설 입소를 다시 상의하기도 하였다.

<산산이 쪼개진 아픔 견뎌내기>는 시설 입소의 현실 앞에서 시설 입소를 위해 필요한 물건을 준비하고 짐을 꾸리는 과정에

서 말로 표현할 수 없는 아픈 마음을 경험하고, 큰마음과 모진 마음을 먹고 자녀를 데리고 시설로 향하고 입소시킨 후 집으로 돌아오는 과정에 관한 연구참여자들의 경험의 본질이다. 연구참여자들은 막상 자녀를 시설에 입소시키는 시점에서 시설 입소 외에는 다른 길은 진정 없는 것인지? 이 길만이 최선인지 생각하게 되고, 분리거주에 대한 아픈 마음과 함께 자녀의 장애를 원망하고, 여러 가지 부정적인 감정들이 교차하는 가운데 자녀를 시설에 입소시킨 후 돌아가는 과정에서 많은 눈물과 아픈 마음을 경험하였고 이와 함께 자녀의 시설 적응을 염려하는 태도를 보였다.

시설 입소 후 어머니의 경험은 자녀를 시설에 입소시킨 후 분리거주로 인한 아픔과 그리움의 마음을 가는 세월 속에 마음 비우기 등으로, 이러한 마음을 묻고 일상에 적응해 가는 시점까지로 경험의 구성요소는 <분리거주의 아픔과 그리움의 늪에서 허우적거리기>, <불편한 현실 속에서 살아가기>, <잊을 수 없는 자녀를 묻고 일상에 적응하기>의 세 개의 구성요소로 <분리거주의 아픔과 그리움의 늪에서 허우적거리기>는 연구참여자들이 자녀를 시설에 입소시킨 후 삶에서 직접적으로 겪는 경험의 본질이다. 자녀를 시설에 입소시킨 후 초기의 삶은 분리거주로 인한 아픔과 고통을 인해 일상의 삶을 살아가기 어려웠고, 가끔의 짧은 만남 후의 헤어짐으로 인해 아픔을 경험을 하였는데, 연구참여자들이 경험한 이러한 분리거주의 아픔은 죽음을 통한 이별보다 더 큰 아픔으로 그들은 이러한 이별을 산 이별로 표현하였고 이러한 산 이별은 마음에 묻을 수 없는 이별을 의미하였다.

<불편한 현실 속에서 살아가기>는 자녀의 시설 입소로 인해 자유와 회복이란 삶의 변화 속에서 자녀에 대한 미안함과 죄책감이 공존하는 마음 가운데 살아가는 불편한 현실에 관한 경험의 본질이다. 연구참여자들이 경험한 이러한 변화는 그동안의 양육 부담에서 자유와 심신을 회복함이었다. 그러나 이러한 자유와 회복은 자녀의 시설 입소로 된 것으로 이로 인해 시설에 입소시킨 자녀에 대해 미안함과 죄책감을 느끼며 살아가게 된 것이었다. 연구참여자들이 얻은 평범한 평안함과 자유가 아무런 미안함이나 죄의식 없이 얻을 수 있도록 하는 것이 바른 장애인복지 서비스가 아닐까 생각한다. 그렇지 못하다면 이들이 느끼는 이러한 미안함과 죄의식에 대한 심리적인 부담을 위한 최소한의 해결책이라도 내어놓아야 할 것이다. 그리고 연구참여자들이 자녀를 시설에 입소시킨 후 자녀들과 다시 집에서 같이 살아볼까 하는 연구참여자들의 경험을 서술한 내용이다. 연구참여자들은 자녀를 시설에 입소시킨 이후 자녀에 대한 그리움으로 자녀와 함께 다시 살아볼까 하는 생각을 하였음을 알 수 있었다.

<잊을 수 없는 자녀를 묻고 일상에 적응하기>는 불편한 현실 속에서 그리고 평생 잊을 수 없는 자녀를 묻고 일상에 적응해가는 경험의 본질이다. 연구참여자들의 마음 한구석에는 항상 장애자녀가 자리 잡고 있다. 대부분의 사람들은 장애인자녀를 시설에

입소시킬 경우 그동안의 양육의 어려움에서 벗어나 자유를 얻고 편안한 생활을 하게 될 것이라고만 생각하지만 그들은 자녀를 양육하면서 겪었던 어려움과는 다른 유형의 슬픔과 염려와 아픔을 경험하였다. 그러나 연구참여자들은 그러한 고통을 가는 세월 속에 마음 비우기로 또는 절대자를 의지하는 신앙의 힘으로, 가깝게 지내는 분들의 위로로, 일에 몰입함으로써 분리거주로 인한 아픔과 그리움에 대한 마음을 달래고 일상의 삶에 적응하며 살게 되었다.

본 연구 결과 총 8개의 구성요소와 17개의 하위구성요소를 제시하였다. 결국 지적장애인의 시설 입소에 관한 어머니의 경험의 본질은 어머니로서 자신의 분신과 같은 자녀가 장애를 가졌다는 그 근본적인 사실과 어머니가 자신의 자녀를 시설에 입소시키는 시점별에서의 경험은 어머니와 장애자녀의 일반적인 특성에 따라 유형화할 수 없는 '자녀를 향한 애끓은 어머니의 마음과 죄의식'이 공통된 경험의 본질로, 지적장애인 자녀를 시설에 입소시킨 어머니의 시설 입소 전, 시설 입소 시, 시설 입소 후의 삶의 경험에는 이러한 '자녀를 향한 애끓는 어머니의 마음과 죄의식'이 고스란히 녹아 있었다.

2. 연구의 함의

본 연구는 연구참여자의 인터뷰 내용을 근거로 한 질적연구로서 현상학적 접근방법을 통해 지적장애인의 시설 입소에 관한 어머니의 경험을 연구하였다. 지금까지 장애인 자녀를 둔 어머니의 경험을 이야기할 때는 특정 장애유형과 특정 발달단계에서의 양육 경험이나 생애주기에 따른 어머니의 경험으로 한정되어온 한계를 넘어 지적장애인 자녀를 시설에 입소시킨 어머니의 자녀 시설 입소에 관한 담론을 이끌어내었으며 그들이 펼쳐놓은 이야기를 분석도구로 하여 자녀를 시설에 입소시키는 경험에 대해 살펴보았다.

본 연구의 결과로 중증·중복의 지적장애인 자녀를 시설에 입소시킨 어머니의 심리적 안정과 가정의 안정된 생활 유지의 어려움을 파악하게 되어 이러한 어려움을 도울 수 있는 근거를 제시하기 위한 함의를 자녀를 시설에 입소시킴에 있어 시점별로 어머니 경험을 정리하면 다음과 같다.

시설 입소 전 함의로는 중증·중복의 지적장애와 장애자녀 양육, 시설에 대한 유용한 정보를 제공해야 한다. 중증·중복 지적장애와 자녀의 양육 그리고 시설 입소 과정은 선택과 결정이 반복되는 과정으로 이러한 선택과 결정은 매우 신중하게 진행되어야 한다. 중증·중복의 지적장애인 자녀의 양육과 시설 선택은 정보의 질이 확보되고 정보에 대한 접근이 편리할 때 스트레스를 최소화할 수 있고 최선의 선택이 보장되기 때문이다(오세란, 2001). 중증·중복의 지적장애와 양육 그리고 시설에 대한 정보는 신뢰성 있는 기관이나 단체가 제공하는 피드백이 자유로운 개방된 정보가 절실함은 재론의 여지가 없다. 관련 협회나 시설 그리고 지방자치단체는 관련 정보제공 창구나 장치를 상시적으로 설치·개방하여 정보의 접근성을 높여 주는 것이 필요하다.

특별히 장애인을 가족 구성원으로 둔 가족들이 장애에 대한 올바른 지식이 부족하거나 선입견과 편견을 가지게 되는 경우에는 적절한 치료나 재활에 어려움이 따르기 때문(김종혜, 2011)에 이러한 유용한 정보의 제공의 필요성이 있다고 생각된다.

시설 입소 시 함의로는 사전 시설 입소프로그램 운영이 필요하다. 본 연구결과 연구참여자들은 자녀의 시설 입소 통보를 받은 후 시설 입소에 대한 갈등을 다시 하였고 입소시킬 때는 큰마음을 먹고 시설에 입소시켰다. 그리고 시설에 입소시킨 후에는 죽음보다 더한 분리거주의 아픔을 경험하였다. 이러한 측면에서 사전 시설 입소 프로그램은 자녀를 시설에 입소시키는 과정에서 연구참여자들이 가지게 될 정서적, 경제적 부담을 일정 부분 덜어줄 수 있고, 자녀의 시설 입소로 인한 충격을 경감시켜줄 수 있을 것으로 생각된다.

시설 입소 후 함의로는 먼저 중증·중복의 지적장애인 자녀를 시설에 입소시킨 어머니들이 위기(죄의식, 모성애로 인한 아픔과 그리움과 염려, 스트레스 등)에 봉착해 지지에 대한 욕구를 보일 경우 이를 신속하고 효율적으로 지원할 수 있는 유기적인 전문가 지지체계가 구축되어야 한다. 본 연구참여자들은 양육과 시설 입소 전, 후 과정에서 발생하는 어려움에 대해 개인이나 가족 또는 지역사회 차원의 도움을 거의 받을 수 없었다. 적극적으로 도움을 요청하지 않는 어머니에게도 책임은 있지만 기존의 장애인 복지시설들은 장애인 당사자와 인식개선, 인권이나 피해에 초점을 두고 있어 이들 어머니들의 어려움에 큰 관심을 보이지 않고 있다. 따라서 이들 어머니들이 견디기 어려운 위기 상황에 유기적으로 반응할 수 있는 전문인력의 지지체계를 통한 프로그램 운영으로 안정된 삶을 보장해야 할 것이다(이선애, 2004; Warfied & Hauser-Cram, 1996).

그리고 중증·중복의 지적장애인 자녀를 시설에 입소시킨 어머니들이 자신들의 스트레스와 갈등 그리고 유대감을 공유할 수 있는 자조모임과 같은 정서적 공동체가 활성화되어야 한다. 본 연구결과 연구참여자들은 자녀를 양육하는 과정과 시설에 입소시킨 후에도 죄의식을 느끼고 있었고, 가족과 이웃으로부터 소외감을 느꼈다. 그리고 자녀를 시설에 입소시킨 후에는 공허함과 그리움 등으로 우울증을 경험하는 경우가 많았다. 중증·중복의 지적장애인 자녀를 둔 경우와 자녀를 시설에 입소시킨 어머니들에게 동병상련의 유대감은 서로에 대한 이해를 높이고 내면의 갈등을 해소하는 데 도움이 될 것으로 생각된다. 연구참여자들은 양육과정과 자녀의 시설 입소 후의 삶 가운데서 겪는 어려움이

나 갈등들을 건강한 방법으로 표출하고 해결하기보다는 개인 내면으로 억누르거나 삭이는 등의 방법들을 쉽게 사용하기 때문에 신체적·정신적 스트레스가 유발될 수 있으며 심하면 우울증으로 이어질 수 있다(김종혜, 2011). 따라서 서로의 어려움을 나누고 도우며 결속력을 다지는 등의 역할을 할 수 있는 정서적 공동체의 활성화가 필요하다.

또한 가족들과 시설에 입소한 지적장애인 간의 관계 및 교류를 증진시키는 프로그램의 확대가 필요하다. 본 연구결과 자녀를 시설에 입소시킨 이후 연구참여자들과 자녀들은 서로에 대한 그리움과 아픔으로 힘든 삶을 살아왔음이 확인되었고 이들은 나름대로 이러한 아픔을 극복하며 힘겹게 일상의 삶에 적응하고 있었다. 또한 항상 연구참여자의 마음 한 구석에는 시설에 입소시킨 장애자녀에 대한 염려가 남아 있어 자녀의 시설 입소 후에도 자녀의 시설 입소로 인한 스트레스를 경험하는 것으로 나타났다(김현희, 2003). 이러한 그리움과 아픔 그리고 스트레스를 최소화하고 일상의 삶을 정상적으로 살 수 있도록 하기 위해 부모와 자녀가 자주 만날 수 있도록 홈커밍데이(Homecoming Day), 외출이나 외박, 통신 매체를 통한 서로의 안부 묻기 등의 지원이 필요하다.

선행연구 결과 시설거주로 인한 스트레스 요인으로 가족, 시설 요구, 장애아동, 시설처우 등 4개의 유형으로 구분되었고(김현희, 2003), 이러한 스트레스는 가족관계 증진 프로그램(신뢰감 형성

게임, 가족 이미지 확인하기, 희망의 찰흙 만들기, 듣고 싶은 말, 하고 싶은 말, 사과와 용서의 시간, 실천의지 다지기 등)을 통해 장기수용자의 가족관계에서 나타나는 스트레스를 감소시킨 것으로 나타나(김용수·박현주, 2009) 이러한 서비스 지원의 필요성 제언과 일치한다.

이 외에도 정책적인 차원에서 장애인거주시설의 지역적인 고른 분포를 통한 시설 입소의 용이성 확보와 운영비의 국고 환원으로 이용자가 원하는 지역의 시설에 입소가 가능하도록 하고, 공동생활가정과 같은 소규모 거주시설이나 단기보호나 주간보호시설 등의 이용시설을 지역의 시설복지 욕구를 중심으로 다양하게 설치하여 시설 인프라를 확충해나갈 필요성이 있다.

3. 후속 연구를 위한 제언

본 연구의 시설 입소에 관한 어머니의 경험은 지적장애인 자녀를 둔 어머니로 한정되었다. 시설 입소에 관한 가족의 경험을 보다 다양하게 이해하기 위해 아버지나, 형제, 자매 등을 대상으로 한 시설 입소 경험 연구들이 필요하다. 그리고 사례연구나 근거이론과 같은 질적 연구방법을 활용하여 시설 입소에 관한 어머니의 경험을 시간적, 인과관계적, 맥락적 차원에서 다각적으로 살펴볼 필요가 있다. 이러한 연구들로 시설 입소에 관한 어머니의 다양한 경험을 이해할 수 있다.

또한 주요 대상이 되는 어머니에 대한 폭넓은 실태조사가 필요하다. 지적장애인과 장애인거주시설이 증가하고 있는 시점에서 지적장애인 자녀를 둔 어머니의 생활실태와 양육 부담에 관한 연구들이 많지 않다. 사회학과 사회복지학 분야에서 학제적인 연구들이 활성화되고 축적된다면 보다 나은 장애인거주시설 서비스 마련을 위한 기초 자료가 될 것이다.

참고문헌

고일영, 김철, 황경열, 권영옥 (2007). 장애아동 어머니의 장애인식과 장애아동 자녀에 대한 인식 정도가 심리적 안녕감과 양육스트레스에 미치는 영향. *동서정신과학*, 10(1), 27-36.

권대관 (2000). 장애인생활시설의 합리적 운영방안에 관한 연구. 강남대학교 사회복지대학원 석사학위 청구논문.

권영은 (2004). 생활시설 장애인의 성 문제 실태와 대처방안에 관한 연구. 명지 대학교 사회복지대학원 석사학위 청구논문.

권재운 (2008). 생활시설 지적장애인의 성에 대한 생활재활교사들의 태도에 관한 연구. 대구대학교 사회복지대학원 석사학위 청구논문.

김경호 (2009). 억압의 관점에서 읽는 한센인 차별의 어제와 오늘. *사회연구*, 17, 9-37.

김교연 (2008). 지적장애인을 자녀로 둔 어머니의 사회적 지지가 돌봄 자기효 능감에 주는 영향. *한국가족복지학*, 23, 43-69.

김귀분, 신경림, 김소선, 유은광, 김남초, 박은숙, 김혜숙, 이경순, 김숙영, 서연 옥 (2005). **질적연구방법론**. 서울: 현문사.

김기희 (1998). 정신지체 형제자매에 대한 일반 형제자매의 이해와 태도. 대구 대학교 대학원 석사학위 청구논문.

김녹현 (2009). 지적장애아 어머니의 사회적 지지와 심리적 안녕감과의 관계. 경북대학교 과학기술대학원 석사학위 청구논문.

김동호 (2001). 장애 패러다임의 전환과 자립생활. *장애인고용*, 42, 68-93.

김명선 (1987). 정신지체자의 형제들이 갖게 되는 사회적, 심리적 갈등에 관한 연구. 숭실대학교 대학원 석사학위 청구논문.

김미경, 이민호, 이원령, 최기창, 최신애 (2001). 장애아 가족과 비장애아 가족 간의 가정생활 질적 만족도에 관한 심층연구. *한국정서·학습장애아 교육학회*, 17(1), 274-278.

김미라 (2004). 장애아동 어머니가 자녀의 초등학교 통합 직전 느끼는 스트레스에 관한 질적연구. 가톨릭대학교 심리상담대학원 석사학위 청구논문.

김민영 (2011). 지적장애인의 의사소통에 대한 부모와 시설종사자의 경험에 관한 연구. 덕성여자대학교 일반대학원 석사학위 청구논문.

김선희 (2003). 뇌성마비 아동 어머니의 가정치료에 대한 스트레스. 연세대학교 보건대학원 석사학위 청구논문.

김연수 (2006). 정신장애인을 돌보는 어머니의 돌봄 만족감에 영향을 미치는 요인 연구. *한국사회복지학회*, 58(3), 371-398.

김영미 (1989). 뇌성마비 아동 어머니의 스트레스와 대처행동 연구. 이화여자대학교 대학원 석사학위 청구논문.

김영천 (2006). **질적연구방법론** 1. 서울: 문음사.

김영환 (1991). **정신지체아의 언어**. 서울: 특수교육.

김용득, 강희설 (2008). 장애인거주시설에 대한 관련 집단들의 인식유형 연구. *한국사회복지학*, 29-51.

김용득, 변경희, 임성만, 강희설, 이정호, 장기성, 전권일, 조순주 (2007). 장애인 거주시설 서비스 기능과 구조의 혁신방안. 성공회대학교 사회복지연구소.

김용수, 박현주 (2009). 가족관계증진 프로그램이 장기수용자의 가족관계 스트레스 감소에 미치는 효과. *상담학연구*, 10(1), 583-603.

김은서 (2005). 정신지체자녀 양육의 긍정적 영향에 대한 어머니의 인식. 이화여자대학교 교육대학원 석사학위 청구논문.

김은숙 (1990). 스트레스와 사회적 지지에 대한 일 연구. 이화여자대학교 대학원 석사학위 청구논문.

김은영 (2012). 활동보조서비스 이용이 발달장애아동 어머니의 양육스트레스에 미치는 영향. 서강대학교 신학대학원 석사학위 청구논문.

김의수 (2003). **장애아동 체육교실의 이론과 실제**. 서울: 무지개사.

김지언 (2007). 발달장애아 양육에 관한 어머니의 심리사회적 욕구 분석. 경남대학교 대학원 석사학위 청구논문.

김지호 (2011). 장애인거주시설 종사자의 인권의식에 영향을 미치는 요인에 관한 연구. 공주대학교 대학원 석사학위 청구논문.

김진우 (2008). 지적장애인 관점에서의 장애인차별금지법에 대한 비판적 고찰. *사회복지정책*, 35(12), 169-195.

김종민 (2012). 지적장애아 어머니의 양육경험에 대한 질적연구. 단국대학교 대학원 박사학위 청구논문.

김종혜 (2011). 지적장애아동 가족의 가족탄력성에 관한 연구. 대구대학교 대학원 석사학위 청구논문.

김 철 (2008). 지적장애인생활시설의 사회통합에 관한 연구. 한영신학대학교 대학원 박사학위 청구논문.

김현순 (1999). 영상동요 학습활동이 중증정신지체 아동의 사회성 증진 및 문제행동 개선에 미치는 영향. 진주교육대학교 교육대학원 석사학위 청구논문.

김현주 (2002). AAC를 통한 상호작용적 이야기책 읽기 활동이 복합장애아동의 초기 문해력(early literacy)과 의사소통행동에 미치는 효과. 이화여자대학교 대학원 석사학위 청구논문.

김현희 (2003). 시설 입소 장애아동 부모의 스트레스 영향요인 연구. 목원대학교 산업정보대학원 석사학위 청구논문.

남연희 (2001). 정신지체아동 어머니의 양육부담 경감을 위한 사회적 지원체계 활용 방안에 관한 연구. 대구대학교 대학원 박사학위 청구논문.

류소영 (2009). 장애아동 주 양육자에게 미치는 긍정적 영향에 관한 연구. 숭실대학교 대학원 석사학위 청구논문.

박경실 (2002). 장애아동의 양육 스트레스와 사회적 지지와의 관계에 관한 연구. 인천대학교 대학원 석사학위 청구논문.

박봉섭 (2003). 게임 중심의 운동놀이 활동이 정신지체아의 체력요인과 사회적 응행동에 미치는 효과. KRF 연구결과논문. *특수교육총연합회*, 1-66.

박성우, 신현기 (2003). 경도 정신지체인의 고용상태와 거주형태에 따른 자기결정력 삶의 질 비교. *특수교육학연구*, 38(3), 259-281.

박수경 (2006). 자립생활 패러다임에 따른 장애인의 사회통합에 관한 연구. *한국사회복지학*, 58(1), 237-264.

박승희, 신현기 (2007). **정신지체 개념화**. 서울: 교육과학사.

박신정 (2008). 발달시기와 장애 정도에 따른 지적장애아 부모의 양육스트레스와 대처행동 분석. 경희대학교 교육대학원 석사학위 청구논문.

박은숙 (1996). 만성질환자 어머니의 질병에 대한 불확실성 정도와 양육태도. *대한아동간호학회*, 25-35.

박정은 (2013). 지적장애인의 대학경험이 사회생활에 미치는 영향. 단국대학교 대학원 박사학위 청구논문.

배현정 (1992). 장애인수용시설의 생활교육 실태 분석. 우석대학교 대학원 석사학위 청구논문.

백사인 (2006). 장애아동 어머니의 양육스트레스 감소 훈련 프로그램 개발. 경남대학교 대학원 박사학위 청구논문.

백은령, 김기룡, 유영준, 이명희, 최복천 (2010). **장애인가족지원**. 파주: 양서원.

백은령, 김석준, 김선실, 민병책, 박초롱, 이은미 (2011). 전국 장애인복지시설 실태조사 분석연구. 한국장애인복지시설협회.

서규동 (2008). 정신장애인의 독립주거 생활경험에 관한 연구. 숭실대학교 대학원 박사학위 청구논문.

서명옥 (2008). 한 자녀 이상의 지적장애아를 둔 어머니의 양육경험 및 삶의 질에 대한 질적연구. 경기대학교 행정대학원 석사학위 청구논문.

서미경 (2009). 중고령 여성의 취업 경험에 관한 현상학적 연구. 이화여자대학교 대학원 박사학위 청구논문.

서미혜 (1984). 심신장애아 어머니의 역할 획득에 영향을 미치는 요인에 관한 분석적 연구. 연세대학교 대학원 박사학위 청구논문.

서민정 (2003). 주의력 결핍-과잉행동장애아동 어머니의 양육스트레스, 우울감, 부모효능감에 관한 연구. *한국심리학회지*, 8(1), 69-81.

서혜영 (1991). 장애아 어머니의 적응과 사회적 지원에 관한 연구. 연세대학교 대학원 석사학위 청구논문.

신경림 (2003). **질적간호연구방법**. 이화여자대학교 출판부.

신정윤 (2007). 재가 성인 정신지체인을 돌보는 나이 들어가는 주 보호제공자의 서비스 이용도와 서비스 필요도 결정요인. 서울여자대학교 대학원 박사학위 청구논문.

신종호, 김동일, 신현기, 이대식 (2008). **정신치체**. 서울: 시그마프레스.

신현기 (2010). **생애주기별로 본 지적장애인**. 서울: 시그마프레스.

심석순 (2010). 생활시설 내 개인, 환경적 경험요인이 퇴소장애인의 사회참여에 미치는 영향. 중앙대학교 대학원 박사학위 청구논문.

안범현 (1999). 장애아동을 둔 어머니의 성격적응유형과 양육스트레스 간의 상관관계와 상담 개입에 관한 연구. 숭실대학교 대학원 석사학위 청구논문.

양성순 (2012). 장애인 사회복지시설 유형별 생활만족에 관한 연구. 한성대학교 행정대학원 석사학위 청구논문.

오세란 (2001). 장애아 모의 스트레스에 관한 연구. *한국사회복지학*, 46, 263-289.

오세윤, 홍기원 (2009). 장애인시설 탈시설화의 문제점과 개선방안에 관한 연구. *서울행정학회*, 561-588.

오연수 (2004). 정신지체아 어머니의 양육스트레스 요인과 스트레스 대처방안 연구. 부산대학교 대학원 석사학위 청구논문.

유연호 (2011). 뉴로피드백을 이용한 뇌파훈련이 지적장애인의 뇌기능지수와 운동수행능력에 미치는 영향. 영남대학교 대학원 박사학위 청구논문.

유영주 (1994). **신가족 관계학**. 서울: 교문사.

유태균 (2001). **사회복지 질적연구방법론**. 서울: 나남출판사.

유희정 (2004). 아동의 장애유형과 어머니의 애착유형이 양육태도와 양육스트레스에 미치는 영향. *한국심리학회지, 23*(1), 77-89.

윤숙자 (2006). 성인 정신지체인의 일상생활수행 정도와 사회적 교류분석을 통한 삶의 질 향상 방안. 부산대학교 대학원 박사학위 청구논문.

이기연 (2005). 자활사업 사회적응프로그램 담당 사회복지사의 법적 의무서비스 수행 경험. 이화여자대학교 대학원 박사학위 청구논문.

이남인 (2006). **후설의 현상학과 현대철학**. 서울: 풀빛미디어.

이명희, 김안나 (2012). 중증·중복 뇌병변장애 자녀를 둔 어머니의 양육 어려움과 요구. *특수교육, 11*(2), 117-143.

이병환 (2006). 사회적 지지가 생활시설 장애인의 삶의 질에 미치는 영향. 나사렛대학교 재활복지대학원 석사학위 청구논문.

이보라 (2001). 장애인복지시설의 운영실태와 개선방안에 관한 연구. 인천대학교 행정대학원. 석사학위 청구논문.

이상미 (2008). 정신질환을 동반한 지적장애자녀 어머니의 양육경험에 관한 질적연구. 숭실대학교 대학원 석사학위 청구논문.

이선애 (2004). 만성질환아동 가족의 가족탄력성이 가족적응에 미치는 영향. 부산대학교 대학원 박사학위 청구논문.

이숙자 (1996). 장애아동 가족 스트레스와 적응의 구조모형 연구. 서울대학교 대학원 박사학위 청구논문.

이애현 (1995). 발달장애아 가족의 요구와 특성에 대한 이론적 탐색. *특수교육학회, 16*(1), 147-170.

이영미 (1988). 장애아동 어머니의 자아감각 형성을 위한 심성개발 훈련의 사례분석. 사단법인 한국장애자재활협회. 재활. 29.

이은영 (2010). 성인 지적장애 자녀를 둔 어머니의 양육경험에 관한 생애사 연구. 숭실대학교 대학원 박사학위 청구논문.

이은영 (2011). 지적장애 자녀의 특수교육 과정에 대한 어머니의 경험적 연구. *지적장애연구, 13*(1), 259-277.

이종화, 김동환 (2000). 발달장애아 어머니의 스트레스와 사회적 지지에 관한 연구. *동광, 97*, 88-146.

이지원 (1996). 뇌성마비아 어머니의 스트레스와 대처양상. 고려대학교 대학원 박사학위 청구논문.

이재령 (2010). 지적장애인의 비 장애 형제자매의 성장기 생활경험에 관한 연구. 숭실대학교 대학원 박사학위 청구논문.

이청자 (1995). 장애자녀에 대한 어머니와 일반자녀의 견해 비교 조사. *재활재단논문집, 4,* 173-216.

이채식 (2004). 정신지체인의 직업유지에 영향을 미치는 요인에 관한 연구. 경기대학교 사회복지대학원 박사학위 청구논문.

이한우 (2002). 발달장애아동 가족지원 특성과 양육스트레스 연구. *정서·학습장애연구, 18*(3), 327-349.

이현혜, 김정인, 김정숙 (2008). 아동성폭력 예방교육 전문강사 양성과정 교육 프로그램 연구. 여성부.

이희옥 (2009). 생활시설 퇴소장애인의 자립생활 경험 질적연구. 경희대학교. NGO대학원 석사학위 청구논문.

이희춘 (2010). 생활시설 퇴소 장애인의 자립생활과정에 관한 연구. 전주대학교 상담대학원 석사학위 청구논문.

임성현 (2000). 한국아동복지시설이 장애인생활시설로 전환된 배경요인에 관한 연구. 가톨릭대학교 사회복지대학원 석사학위 청구논문.

임은선 (2003). 자식을 잃은 어머니의 경험에 관한 연구. 혜전대학교. *학술연구논문집,* 369-400.

장동수 (2000). 비언어적 단서의 기능적 활용이 언어발달지체장애아동의 표현언어 사용에 미친 효과. 단국대학교 대학원 석사학위 청구논문.

전양희 (2013). 지적장애인의 거주시설 퇴소 후 자립생활경험과정에 관한 질적연구. 세종대학교 행정대학원 석사학위 청구논문.

전재현 (2008). 주거시설 서비스가 정신장애인 가족의 보호부담과 태도에 미치는 영향. 숭실대학교 대학원 석사학위 청구논문.

정동화 (2007). 뇌성마비장애 청소년 어머니의 자녀양육 경험에 관한 연구. 서울기독대학교 일반대학원 박사학위 청구논문.

정명신 (2001). 주의력 결핍 및 과잉행동 장애아동 어머니의 양육경험에 관한 질적연구. 이화여자대학교 대학원 석사학위 청구논문.

정무성, 양희택, 노승현 (2010). **장애인복지론**. 파주: 학현사.

정병권 (2011). 지체장애인생활시설 이용자의 자립생활의지에 영향을 미치는 요인에 관한 연구. 인제대학교 대학원 석사학위 청구논문.

정희정 (2002). 뇌성마비아 어머니의 스트레스와 사회적 지원과의 관계 연구. 단국대학교 대학원 석사학위 청구논문.

조삼환 (2003). 장애아 어머니가 경험한 삶과 변화. 경남대학교 대학원 박사학위 청구논문.

조인수, 김영준 (2008). 지적장애아 가족의 삶에 있어 심리적 경험양상과 교육적 함의. *특수아동교육연구, 10*(4), 127-152.

조인수, 장혜경 (2001). 통합적 동작활동에 따른 정신지체아의 기본운동능력과 신체표현능력. *특수교육재활과학연구, 40*(1), 241-261.

조추용, 신승연, 임병우, 남연희, 박차상, 이양훈, 이은영 (2007). **사회복지개론.** 서울: 창지사.

차혜경 (2008). 발달장애아동 어머니의 양육경험: 끝없는 긴장의 재구성. 중앙대학교 대학원 박사학위 청구논문.

최경화 (2010). 중증장애아 어머니의 삶과 정체성. 경북대학교 대학원 사회학과 박사학위 청구논문.

최선경 (2008). 성인 정신지체인을 돌보는 어머니의 심리적 부담과 서비스 욕구. *정신지체연구, 10*(1), 207-231.

최옥채, 박미은, 서미정, 전석균 (2008). **인간행동과 사회환경.** 파주: 양서원.

최종혁 (2009). **질적연구방법론.** 파주: 양서원

한경임, 송미승, 박철수 (2003). 장애아동 어머니의 자녀 양육 경험. *정서·학습장애연구, 19*(3), 55-66.

홍기원 (2009). 장애인생활시설의 탈시설화에 관한 연구. 호남대학교 대학원 박사학위 청구논문.

홍현미라, 권지성, 장혜경, 이민영, 우아영 (2008). **사회복지 질적연구방법의 실제.** 서울: 학지사.

민주노동당 http://www.kdlp.org/
보건복지부 http://www.mw.go.kr/
통계청 http://www.kostat.go.kr/
한국장애인고용공단 http://www.kead.or.kr/
행동하는 의사회 http://www.khpa.org/

Abelson, A. G. (1999). Respite care needs of parents of children with development disabilities. *Focus on Autism and Other Developmental Disabilities, 14*(2), 96-109.

Baker, B. L., Blancher, J., Kopp, C. B., & Krraemer, B. (1997). Parenting children with mental retardation. *International Review of Research in Mental Retardation 20*, 1-45.

Blacker, J. (1984). Sequential stages of adjustment to the birth of a child with handicaps: fact or artifact? *Mental Retardation, 22,* 55-68.

Campbell, J., Gilmore, L., & Cuskelly, M. (2001). Changing student teachers attitudes towards disability and inclusion. *Journal of Intellectual and Developmental Disability 28,* 369-379.

Creswell, J. W. (1998). 질적연구방법론: 다섯 가지 전통. (조흥식 외 역). 서울: 학지사.

Crippe. J., & Brickaer (1996). AEPS measurement for three to six year, Baltimor: Paul H. Brookes Publishing.

Giorgi, A. (1985). 현상학과 심리학 연구. (신경림, 장연집, 박인숙, 김미영, 장승은 공역). 서울: 현문사.

Grant. G., Ramcharan, P., McGrath, M., Nolan, M., & Kwady. J. (1998). Rewards and gratifications among family caregivers: Towards a refinded model of caring and coping. *Journal of Intellectual Disability Research 42,* 58-71.

Griffiths, D. L. & Unger, D. G. (1994). Views about planning for the future among parents and siblings of adults with mental retardation. *Family Relations, 43*(2), 221-227.

Horvat, M. (2000). Physical activity of children with and without mental retardation in inclusive recess setting. *Education and Training in Mental Retardation, 35*(2), 160-167.

Lincoln, Y, S., & Guba, E, G, (1985). Naturalistic Inquirt, Beverly Hills, CA: Sage Publications.

McLarcen, J., & Bryson, S. E. (1987). Review of recent epidemiological studies of mental retardation: Prevalence, associated disorders, and etiology, *American Journal of Mental Retardation, 92,* 243-254.

Morse, J. M., & Field, P. A. (1995). 질적간호연구. (신경림 역). 이화여자대학교 출판부.

Olssen, M. B., & Hwang, C. P. (2001). Depression in mothers and fathers of children with intellectual disability. *Journal of Intellectual Disability Research 45,* 535-543.

Rho, I. S., & Won, J. S. (2009). The relations df depression, anxiety, post-traumatic stress, self-esteem, and social adjustment among North Korean refugees. *Journal of Korean Academy of Psychiatric and Mental Health Nursing, 18,* 69-77.

Sandler, A, C., & Mistretta, L. A. (1998). Positive adaptation in parents of adults with disabilities. *Education and Training in Mental Retardation and Developmental Disabilities, 33,* 123-130.

Scorgie, K., & Sobsey, D. (2000). Transformational Outcomes Associated with parenting Children Who Have Disabilities. *Mental Retardation, 38*(3), 195-206.

Sheehy, K., & Nind, M. (2005). Emotional well-being for all: Mental health and people with profound and multiple learning disabilities. *Briyish Journal Learning Disabilities, 33,* 34-38.

Stainton, T., & Besser, H. (1998). The Positive Impact of Children with an Intellectual Disability on the Family. *Journal of Intellectual and Developmental Disability, 23*(1), 57-70.

Walden, S., Pistrang, N., & Joyce, T. (2000). Parents of adults with intellectual disabilities: Quality of life and experiendes of caring. *Journal of Applied Research in Intellectual Disabilities, 13,* 62-76.

Warfield, M. E., & Hauser-Cram, P. (1996). child care needs, arrangements, and satisfaction of mothers of childeren with developmental disabilities. *Mental Retardation, 34,* 294-302.

김충효

  대구대학교 특수대학원 지역사회복지 전공 사회복지학 석사(M.S.W)
  대구대학교 일반대학원 사회복지방법 전공 철학 박사(Ph. D)
  지적장애인거주시설 남해 사랑의집 시설장
  장애인 그룹-홈 진영이네집 시설장
  장애인 그룹-홈 우리들의집 시설장
  사회복지 연구소 늘봄 소장
  베데스다교회 담임목사

「지적장애인 자녀를 둔 어머니의 장애자녀에 대한 인식이 양육태도에 미치는 영향」
(M.S.W)
「지적장애인의 시설 입소에 관한 어머니의 경험」(Ph. D)

지적장애인의
시설 입소에 관한
어머니의 경험

초판인쇄　2016년 2월 5일
초판발행　2016년 2월 5일

지은이　김충효
펴낸이　채종준
펴낸곳　한국학술정보㈜
주소　경기도 파주시 회동길 230(문발동)
전화　031) 908-3181(대표)
팩스　031) 908-3189
홈페이지　http://ebook.kstudy.com
전자우편　출판사업부　publish@kstudy.com
등록　제일산-115호(2000. 6. 19)

ISBN　978-89-268-7164-5　93330